浙江省"十三五"一流学科"应用经济学"研究成果

浙江省重点创新团队"现代服务业创新团队"研究成果

浙江省哲学社会科学研究基地"浙江省现代服务业研究中心"研究成果

浙江树人学院著作出版基金资助成果

浙江树人学院青年博士创新计划项目资助成果

服务业与服务贸易论丛

REGIONAL TRADE AGREEMENTS

AND CHINA'S TRADE GROWTH:

FROM THE PERSPECTIVE OF TRADE STRUCTURE

AND TRADE MARGINS

区域贸易协定
与中国贸易增长

——基于贸易结构与贸易边际视角

杨　莉◎著

ZHEJIANG UNIVERSITY PRESS
浙江大学出版社
·杭州·

图书在版编目（CIP）数据

区域贸易协定与中国贸易增长：基于贸易结构与贸易边际视角 / 杨莉著. — 杭州：浙江大学出版社，2022.6

ISBN 978-7-308-22690-5

Ⅰ. ①区… Ⅱ. ①杨… Ⅲ. ①区域贸易－贸易协定－研究②对外贸易－研究－中国 Ⅳ. ①F744②F752

中国版本图书馆 CIP 数据核字(2022)第 096106 号

区域贸易协定与中国贸易增长——基于贸易结构与贸易边际视角

QUYU MAOYI XIEDING YU ZHONGGUO MAOYI ZENGZHANG——JIYU MAOYI JIEGOU YU MAOYI BIANJI SHIJIAO

杨 莉 著

策划编辑	吴伟伟
责任编辑	丁沛岚
责任校对	陈嗣
责任印制	范洪法
封面设计	项梦怡
出版发行	浙江大学出版社
	（杭州市天目山路 148 号　邮政编码 310007）
	（网址：http://www.zjupress.com）
排　　版	杭州朝曦图文设计有限公司
印　　刷	广东虎彩云印刷有限公司绍兴分公司
开　　本	710mm×1000mm　1/16
印　　张	11.5
字　　数	189 千
版 印 次	2022 年 6 月第 1 版　2022 年 6 月第 1 次印刷
书　　号	ISBN 978-7-308-22690-5
定　　价	58.00 元

浙江大学出版社市场运营中心联系方式：0571—88925591；http://zjdxcbs.tmall.com

前　言

　　经济全球化带来的收入分配不均导致"逆全球化"势力不断蔓延,贸易保护主义盛行。近两年的中美贸易摩擦,也反映出中国虽然是贸易大国,但与贸易强国还有差距。在"逆全球化"思潮下,中国更应积极参与全球治理,加强国际经贸合作。在党中央和国务院的部署下,我国积极适应世界区域经济一体化迅猛发展的新形势,稳步推进区域贸易协定建设,已取得了一定的成果,但仍有较大的发展空间。

　　加快贸易强国建设,促进外贸高质量发展,是我国现阶段贸易发展的重要目标。外贸高质量发展意味着外贸发展质量比数量更重要,贸易结构更注重高端、有效。近年来国内学者对外贸高质量发展的内涵和实施渠道进行了广泛探讨,认为自由贸易区建设与外贸高质量发展不可分割,本书从理论研究和实证研究两方面论证了两者之间的联系。自由贸易区建设,对加快转变对外贸易增长方式,促进对外贸易由数量增长为主向质量提高为主转变,以及发展产业内贸易尤其是工业制成品的产业内贸易,均有积极显著的影响。

目　录

第一章 绪 论

当今世界,全球政治经济格局仍然处于大变革时期。世界经济整体复苏乏力,各国经济发展和对外贸易都面临着深层次调整。多边贸易谈判举步维艰,各个国家已经把目标从建立多边贸易体制、全球贸易体制变成了建立地区贸易协议,通过构建地区贸易协议来局部推动全球化发展。半个多世纪以来,内容规则比世界贸易组织(WTO)的更深入、更广泛的区域贸易协定如雨后春笋般涌现,令世界经济进入诸多区域、多边的贸易体制并存的状态。区域贸易协定在全球范围内不仅经历了数量上的激增,而且合作形式和层次由低级向高级发展,规则涉及的内容也更加丰富广泛,围绕市场、资源、标准和规则的博弈日趋激烈,参与国家的覆盖面也越来越大。

在党中央和国务院的部署下,我国已积极适应世界区域经济一体化迅猛发展的新形势,稳步推进区域贸易协定建设,取得了一定的成果。进入 21 世纪以来,中国已先后与印度、孟加拉国等国签订《亚太贸易协定》,与东盟 10 国签署了《中国—东盟全面经济合作框架协议》[①],与智利、巴基斯坦、新西兰、新加坡、秘鲁、哥斯达黎加、冰岛、瑞士、韩国、澳大利亚、格鲁吉亚、马尔代夫签订《自由贸易区协议》。2015 年 3 月 28 日,国家发展改革委、外交部、商务部联合发布了《推动共建丝绸之路经济带和 21 世纪海上丝绸之路的愿景与行动》,旨在积极发展与沿线国家的经济合作伙伴关系,共同打造政治互信、经济融合、文化包容的利益共同体、命运共同体和责任共同体。2015 年 12 月,国务院发布《国务院关于加快实施自由贸易区战略的若干意见》,指出我国经济发展进入新常态,外贸发展机遇和挑战并存,加快实施自由贸易区战略是我国适应经济全球化新趋势的客观要求,是全面深化改革、构建开放型经济新体制的

---

①2015 年 11 月 25 日,双方签署了中国—东盟自贸区升级谈判成果文件。

必然选择。

经过 40 多年改革开放的实践,中国经济取得了举世瞩目的成就,国际竞争力日趋增强。长期以来坚持外向型经济政策,加上劳动力资源优势,中国吸引了大量外资,承接了发达国家的产业转移,成为"世界工厂"。当前,产能过剩而国内消费不足的现实导致我国过度依赖出口,从而增加了经济对外部市场的依赖性,面临着诸多国际市场风险。与此同时,经济全球化带来的收入分配不均导致"反全球化"思潮和"逆全球化"势力不断蔓延,贸易保护主义盛行,给世界政治经济带来深刻的不确定性(唐宜红,2017)。2018 年 1 月开始的中美贸易摩擦,也让我们进一步看清中国在世界经贸格局中的诸多问题:中国虽然是贸易大国,但与贸易强国还有差距(裴长洪等,2017)。在"逆全球化"思潮下,新型工业化国家应积极推动多边的区域和集团合作(佟家栋等,2017)。而且 WTO 贸易争端协调机制的作用有限,区域自由贸易协议可为中国解决双边贸易摩擦提供一个有效的沟通渠道,以降低贸易摩擦带来的风险与损失。实践证明,高水平自贸协定的签订与实施,能够有力促进我国与有关国家和地区的经贸合作,有效减少企业对外贸易投资的不确定性。

多边贸易体制和区域贸易安排一直是驱动经济全球化向前发展的"两个轮子"。我国是经济全球化的积极参与者和坚定支持者,也是重要建设者和主要受益者。加快实施自由贸易区战略,是适应经济全球化新趋势的客观要求,是全面深化改革、构建开放型经济新体制的必然选择,也是我国积极运筹对外关系、实现对外战略目标的重要手段。加快实施自由贸易区战略,是我国积极参与国际经贸规则制定、争取全球经济治理制度性权力的重要路径。通过自由贸易区建设,在国际规则制定中展示中国的话语权,有助于增强我国的国际竞争力,维护我国的发展利益。

一、研究意义

(一)理论意义

区域经济一体化理论以关税同盟理论为起点,与共同市场理论、产业内贸易理论、异质性贸易理论、全球价值链理论等各种相关理论交叉结合,研究内容不断扩展深入。当前区域经济一体化理论中关于贸易效应方面的理论研究主要基于贸易创造和贸易转移展开,区域经济一体化的贸易效应产生机制尚未形成体系。本书的理论研究将自由贸易协定的效应从贸易边际增长和产业内/间贸易增长两方面展开深入剖析,是对现有区域经济一体化理论的重要补充。本书通过理论推演及实证分析,多角度、多层次地佐证区域贸易协定的签署实施可能会影响贸易结构和贸易三元边际,具有一定的理论意义。

(二)现实意义

一方面,在经济全球化不断深入的背景下,以 WTO 为标志的多边贸易体制正面临严峻挑战,国际贸易投资规则面临重塑,区域经济一体化发展出现新特点。中国区域经济合作和自由贸易区建设尽管取得了一定的成果,但与发达国家和众多新兴经济体相比,中国区域贸易协定建设总体水平仍有较大的发展空间。另一方面,经济全球化带来的收入分配不均导致"逆全球化"势力不断蔓延,贸易保护主义盛行。近几年的中美贸易摩擦也反映出,中国虽然是贸易大国,但与贸易强国还有差距。对此,在"逆全球化"思潮下,中国应积极参与全球治理,加强国际经贸合作。同时,加快转变对外贸易增长方式,促进对外贸易由数量增长为主向质量提高为主转变,积极参与国际分工,大力发展产业内贸易尤其是工业制成品的产业内贸易,有利于化解全球贸易竞争加剧和贸易争端不断对中国贸易的冲击,也有助于中国进一步获得贸易利益,更好地融入全球价值链。此外,世界知识产权组织与美国康奈尔大学联合发布的《2018 年全球创新指数报告》指出,无论处于何种发展水平,一个经济体的出口组合越多样(一国出口的扩展边际越大),它的创新水平就越高。因此,对中国出口贸易结构和出口贸易边际的研究对于中国现阶段加强贸易强国建设以及实现贸易和经济的高质量发展具有重要意义。

本书将区域贸易协定与中国出口贸易结构和出口贸易边际联系起来,从产业内/间贸易和贸易边际两个视角,深度评估参与区域经济一体化对中国贸易增长的影响,既是对自贸区贸易效应的延展深入,也为中国贸易高质量发展提供了一个有效的解决方案。因此,本书为中国参与区域经济一体化提供了定量决策依据,对进一步拓展开放领域、优化开放布局、提高创新水平、积极融入全球价值链获得更多贸易利益、推动外贸高质量发展有重要的现实意义。

二、研究内容与研究框架

（一）研究内容

本书基于区域经济一体化理论分析框架，论证了区域贸易协定对贸易结构和贸易出口边际的影响机制，多层次、多视角实证分析了区域贸易协定对贸易增长的影响，以期为我国将来如何制定区域贸易协定、维护我国贸易发展利益、提高我国贸易竞争力、营造和谐的对外伙伴关系提供理论借鉴。

基于此，本书的研究目标如下。

第一，尝试推演区域贸易协定影响产业内/间贸易增长和贸易边际增长的理论机制。

第二，实证分析区域贸易协定对中国贸易结构的影响：是刺激专业化的收益，表现为产业间贸易份额的增长，还是促进规模经济和生产差异化相关的收益，表现为产业内贸易份额的增长？

第三，实证分析区域贸易协定对中国出口边际的影响：区域贸易协定对双边贸易增长的拉动主要体现在扩展边际上还是集约边际上？在集约边际中，区域贸易协定对价格边际的增长是否有积极影响？

第四，实证分析中国区域贸易协定的贸易增长效应是否存在异质性，并分析异质性的来源和异质性的具体表现。

（二）研究框架

本书以中国与自由贸易协定成员间双边贸易发展为现实依据，以其中的出口贸易增长为主要研究对象，应用扩展引力模型、反事实 PSM 分析方法等计量研究和统计分析方法，以期对中国在自由贸易协定下的贸易发展现状做出尽可能客观、科学的判断。通过对贸易出口边际和贸易结构的剖析论证，试图对如何利用区域协定和相关贸易政策更好地促进我国出口增长的合理化提出相应的政策建议。本书的研究思路如图 1-1 所示。

根据研究内容和研究思路，本书的内容安排如下。

第一章是绪论，介绍了本书的研究背景和研究意义、研究内容和研究框架、研究方法和可能的创新点等内容。

第二章是文献综述，从区域经济一体化的贸易创造和贸易转移效应开始梳理区域贸易协定影响贸易增长的相关理论和实证文献，然后从新贸易理论和新

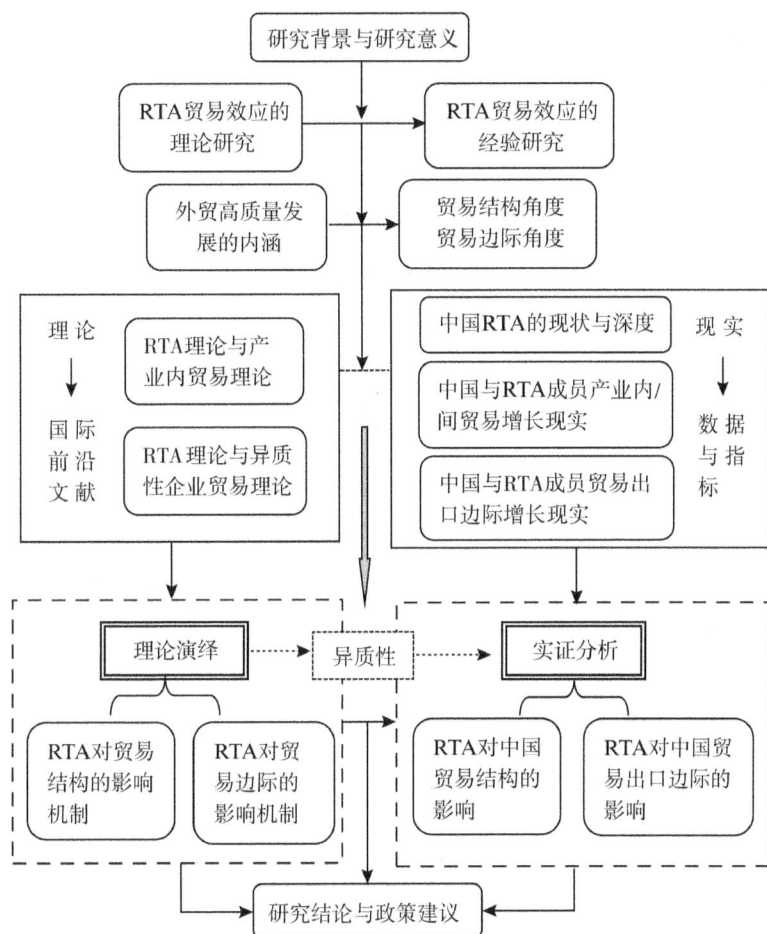

图1-1 本书研究思路

新贸易理论框架出发,对产业内贸易理论和异质性企业贸易理论的模型和经验研究文献进行归纳、评述,对研究区域贸易协定与贸易边际和贸易结构关系的相关文献进行梳理。

第三章是理论部分。首先,推演区域贸易协定对产业内贸易的影响机制:区域贸易协定签订实施,成员间减少贸易限制,贸易交易成本下降,更多的企业加入出口行列,可贸易产品的差异化程度上升。同时,产业内从事出口的企业增多,信息搜集等相关成本下降,进一步促进外部规模经济发展。在需求偏好日益多样的前提下,规模经济发展和产品差异化程度增加将促进水平型产业内贸易的产生。另外,区域贸易协定的签订实施,深度自由贸易协定更涉及放宽资本流动限制,促进外商直接投资。外商直接投资成本和贸易成本很低时,垂直型产业内贸易会增加。其次,基于异质性企业模型,阐述区域贸易协定对贸易三元边际的影响机制:区域贸易协定的签订实施,不仅直接降低了可变贸易成本——进口关税,也提供了较为宽松的经贸环境,降低了贸易的政策性固定成本。关税降低,企业出口的生产率阈值降低,就会有更多的企业加入出口行业,因此出口扩展边际会提升。同时,可变贸易成本和固定贸易成本降低,也会增加原出口产品的出口额,促进出口集约边际的增长。

第四章详细分析了中国已签署的 17 个区域贸易协定的发展历程及发展现状,根据 Hofmann 等(2017)的方法计算分析中国已签订区域贸易协定的条款深度特征。这部分内容的原始数据来源于 WTO 的 Regional Trade Agreements 网站和中国自由贸易区服务网。基于 WTO 的 UNComtrade 数据库的 1998—2017 年中国贸易出口数据,分析中国签署区域贸易协定对贸易增长的现实效应。自由贸易协定实施以来,中国与区域贸易协定成员的贸易发展迅速,1998—2017 年,中国与自由贸易协定成员的贸易额占中国对外贸易总额的比重从 16% 提高到 25%。此外,自由贸易协定不仅促进了双边贸易的增长,也减轻了全球经济危机对双边贸易尤其是中国出口贸易的冲击。

第五章实证分析了自由贸易协定与中国贸易结构(产业内/间贸易)的影响。利用联合国 UNComtrade 数据库,基于 Grubel 等(1975),Brülhart(1994),Greenaway 等(1995),Fontagné 等(1997a)等人研究产业内贸易的方法,测算国家层面和行业层面的产业内/间贸易额和产业内贸易发展状况。运用反事实分析方法估算区域贸易协定政策对中国贸易结构的影响,并根据区域贸易协定伙伴类型和制成品技术含量分类,分析自由贸易协定对贸易结构影响的异质性。

第六章实证分析了自由贸易协定对中国贸易三元边际的影响。利用 CEPII-BACI 数据库 1998—2017 年 HS6 分位商品的贸易数据,基于 Hummels 等(2005),Kehoe 等(2013)研究贸易出口边际的方法,测算中国与区域贸易协定成员的贸易三元边际、新产品边际及其演变特征;用面板数据引力模型估计区域贸易协定对贸易三元边际的影响,并根据自由贸易协定深度、产品要素密集度分类以及初始贸易成本,探讨区域贸易协定对贸易边际影响的异质性。

第七章对本书的研究成果进行了总结,并基于前文的理论研究和实证分析,提出利用自由贸易区政策促进中国出口贸易增长合理化发展的政策建议:着力推动 RECP 自由贸易区谈判;继续升级已有自由贸易区谈判,并注重新自贸区谈判条款深度;推动中国"一带一路"沿线国家自由贸易区网络体系构建等。

三、研究方法和创新

（一）研究方法

本书主要采用了文献综合分析、指标测算分析、实证分析及比较分析等研究方法。

1. 文献综合分析法

本书收集、整理了大量国内外有关区域贸易协定贸易效应、贸易三元边际和产业内贸易的文献,仔细剖析各理论文献中的模型设定、作用机理及数理推导过程,整理各经验分析文献的实证模型、计量检验方法及数据处理方法。

2. 指标测算分析法

基于 Grubel 等(1975),Brülhart(1994),Greenaway 等(1995),Fontagné 等(1997a,1997b)研究产业内贸易的方法,测算国家层面和行业层面的产业内/间贸易额和产业内贸易发展状况;借鉴 Hummels 等(2005),Kehoe 等(2013)的研究方法,基于 CEPII-BACI 数据库 HS6 分位商品的贸易数据,测算中国出口各自由贸易协定伙伴的贸易三元边际和新产品边际。

3. 实证分析法

本书有两章为实证研究,第五章运用倾向得分匹配(PSM)的反事实分析方法分析自由贸易区对中国贸易结构的影响,第六章运用扩展的引力模型分析自由贸易区对中国出口增长边际的影响。

4. 比较分析法

在定性分析部分,对中国与其他自由贸易协定伙伴进行比较分析,对中国贸易近 20 年的增长边际结构、产业内/间贸易结构进行比较分析;在定量实证分析部分,对不同自由贸易协定和不同行业、产品分类进行比较分析。

（二）可能的创新点

从研究过程来看,本书可能的创新点如下。

第一,梳理区域经济一体化的相关理论,结合区域经济一体化理论、产业内贸易理论和异质性企业贸易理论,尝试阐述区域贸易协定对贸易增长边际结构和产业内/间贸易结构的影响机制。

第二,深入剖析中国区域贸易协定贸易效应。目前,对中国区域贸易协定贸易效应的研究多偏向某个具体区域贸易协定的影响以及对整体贸易流量的影响,本书的研究对象为中国目前已经实施的所有区域贸易协定,并且将贸易增长效应深入分解为贸易边际增长效应和产业内/间贸易结构效应,是对区域贸易协定贸易增长效应的深入挖掘。

第三,探讨区域贸易协定影响的异质性。部分国内外文献在研究区域贸易协定贸易效应的异质性时,一般会根据区域贸易协定的种类进行分类比较,而中国目前签订的区域贸易协定均为自由贸易协定[①],无法按常规分类进行研究。因此在实证研究中,本部分从两个方面对区域贸易协定的异质性进行分析。一方面,根据成员类型、不同生产要素密集型的产品分类来分析自由贸易协定贸易效应异质性的外在表现;另一方面,从自由贸易协定条款文本的深度出发论证自由贸易协定对贸易结构及贸易边际影响的异质性表现。

---

①本书未将内地与香港、澳门地区签订的 CEPA 包括在内。

第二章　文献综述

根据经济一体化理论,区域贸易协定(regional trade agreement,RTA)包括以下几种形式:自由贸易协定(free trade areas,FTA)、特惠贸易协定(preferential trade agreement,PTA)、关税同盟(customs unions,CU)、共同市场(common markets,CM)和经济联盟(economic unions,EU)。其中特惠贸易协定又可分为单向特惠贸易协定(non-reciprocal preferential trade agreement,NRPTA)和双向特惠贸易协定(reciprocal preferential trade agreement,RPTA),分别指部分贸易产品的单向和双向关税优惠,如拉丁美洲自由贸易区;自由贸易协定则是特惠贸易协定的深入,即在区域内的国家间取消大量商品贸易往来关税,同时自由贸易协定的领域延伸至服务贸易及投资,即取消对绝大多数服务部门的市场准入限制,开放投资等,如北美自由贸易协定;关税同盟是指区域内国家间互相降低或取消关税,而对区域外进口某种产品征收相同的关税;共同市场则包括资本和劳动的自由流动,如欧盟;经济联盟是在共同市场基础上加上货币政策和财政政策的调节,如欧元区。

在一些区域贸易自由化的文献中,研究的对象主要是关税同盟、特惠贸易协定和自由贸易协定。在 WTO 文件中,也将这三者纳入区域贸易协定的范围。因此,本书提到的区域贸易协定也包括这三者。

第一节　区域贸易协定与贸易增长

梳理国际上权威期刊中 20 世纪 50 年代以来关于区域贸易协定(区域贸易协定)的文献,发现关于区域贸易协定经济效应的研究是最多的,主要集中在贸易效应、投资效应和福利效应等领域。其中,学者对区域贸易协定经济效应的研究始于贸易效应的分析,因为区域贸易协定最直接的影响之一就是会给成员和非成员的双边贸易流量带来影响,因此该领域最早引起学者关注并不断扩展。

一、重要概念:贸易创造与贸易转移

Viner(1950)在《关税同盟问题》中提出了贸易创造、贸易转移这两个非常重要的概念。假设有 A、B、C 三国,且国内价格排序 $P_A > P_B > P_C$。当关税 t_A 足够高时,A 国不会从任何国家进口。假设 A 国和 B 国成立关税同盟,两国间取消关税,A 国将从 B 国进口,此为贸易创造效应。贸易创造使得产品生产从效率较低的 A 国转移到了效率较高的 B 国。当 t_A 不是很高,即 $P_A - P_C > t_A$,则 A 国会从 C 国进口,而假设 A 国和 B 国成立关税同盟,两国间取消关税,则 A 国将从 B 国进口而不是从 C 国进口,此为贸易转移效应。贸易转移使得产品生产从效率高的国家 C 转移到了效率较低的国家 B,导致福利损失。Viner 指出,形成关税同盟后,贸易转移和贸易创造是并存的,所以无法判断总体上到底是提高还是降低了福利,这取决于两边力量的大小。

Viner 的分析假设母国 A 是相对于伙伴国和世界的小国(当贸易转移产生时,伙伴国能满足母国 A 的需求),从伙伴国 B 和世界 W 可进口的产品是完全可替代的。图 2-1 和图 2-2 显示了关税变化对福利的影响。Y 轴代表价格,X 轴代表数量。M_A 代表 A 国的进口需求曲线。E_B 和 E_W 分别代表 B 国和世界 W 愿意供给 A 国的价格,它们分别代表 B 国和世界 W 的出口供给曲线。图 2-1 中,假定 B 国是比世界 W 更有效的产品供应者,即 E_B 在 E_W 下面,且出口价格 P_B 比 P_W 低。t 代表 A 国针对 B 国和世界 W 的非歧视单位关税。因此,对 B 国和世界 W 的进口产品含关税价格分别是 $P_B + t$ 和 $P_W + t$。在非歧视关税下,进口量为 M_0,产品全部从 B 国进口。初始状态的关税收入为(1+2)的面积。当针对 B 国的关税优惠减免,进口量上升到 M_{PT},仍然全部从 B 国进口(因为现在 B 国的进口价格 P_B 低于 $P_W + t$)。关税优惠带来从 B 国进口量的增加,这就是贸易创造。贸易创造可以带来福利改善。对 A 国消费者的福利改善表现在价格从 $P_B + t$ 降低到 P_B,即(1+2+3+4)的面积。关税减免带来的关税损失面积是(1+2)。因此,总体福利变化为(3+4)的面积。

假定世界 W 是相对于 B 国更有效的产品供给方,即 E_W 在 E_B 下面(见图 2-2)。初始的进口是 M_0,关税收入仍然是(1+2)。对 B 国实施关税减免时,

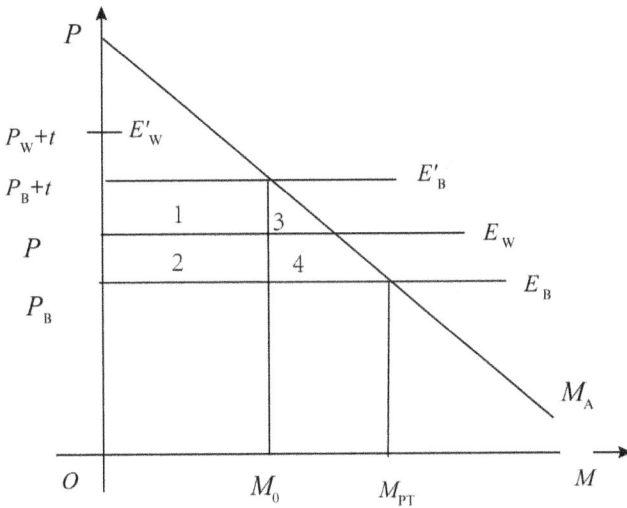

图 2-1 贸易创造和福利变化

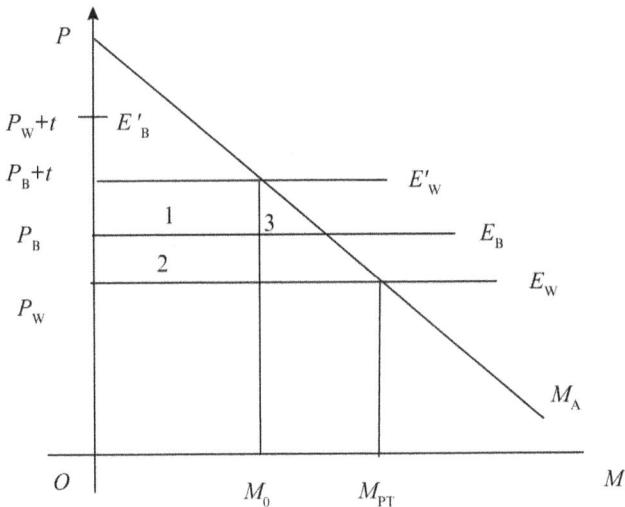

图 2-2 贸易转移和福利变化

则从世界 W 进口的含税价格 P_W+t 高于 P_B，即意味着贸易从世界 W 转移到 B 国，发生贸易转移。消费者剩余的增加是面积（1+3），关税收入的减少是面积（1+2）。对 A 国来说，总体福利的变化是面积（3-2），正负未知，即贸易转移也许会带来福利下降。

以上只是一种产品的情况，实际贸易中往往涉及多种产品。Krishna

(2003)的分析更接近现实贸易。其模型假设有三国,国家 A 和贸易伙伴国 B,世界其他国家 C。每个国家仅生产一种特定的产品,部分出口的收入用来购买另两种产品。每种产品的边界价格为 1。A 国的预算约束为:

$$E(1,1+t_B,1+t_C,W) = R(1,1+t_B,1+t_C,\bar{V}) + t_B M_B + t_C M_C \qquad (2.1)$$

式中,E 是 A 国的消费函数,R 是收入函数,W 代表 A 国的福利,$\bar{V}$ 代表 A 产品生产中的固定生产要素供给,t_B 和 t_C,M_B 和 M_C 分别代表从 B 国和 C 国进口的关税和进口量。因为每个国家只生产一种产品,生产要素供给固定,收入函数对价格的偏导数为 0。为了使 A 国对 B 国征收的关税优惠减让生效,将 C 国的关税固定在 $\bar{t}_C$。对上式做国内价格求导,E_i 代替 E 的偏导数,得到

$$E_B \mathrm{d}t_B + E_W \mathrm{d}w = t_B \mathrm{d}M_B + M_B \mathrm{d}t_B + \bar{t}_C \mathrm{d}M_C \qquad (2.2)$$

消费函数的偏导 E_i 代表 i 的消费,而 A 国对 B 产品的消费都是从 B 国进口,即 $E_B = M_B$ 因此,式(2.2)可简化为

$$E_W \mathrm{d}W = t_B \mathrm{d}M_B + \bar{t}_C \mathrm{d}M_C \qquad (2.3)$$

其中,$E_W > 0$ 是收入边际效用的倒数。式(2.3)有直观的解释:为了保障福利改进,从伙伴国 B 和世界其他国家 C 的进口应该增加。如果从伙伴国 B 的进口增加了(贸易创造),即 $\mathrm{d}M_B > 0$,但是从世界其他国家 C 进口减少了(贸易转移),即 $\mathrm{d}M_C < 0$,福利也许会下降。福利的变化由关税收入的下降和贸易创造、贸易转移带来的贸易总量的变化决定。

二、经验研究:区域贸易协定的贸易效应

(一)贸易效应的国外研究

对于贸易创造和贸易转移导致的整体贸易流量效应,Aitken(1973)等都检验了欧洲经济共同体(European Economic Community,EEC)的贸易创造和贸易转移效应。很多研究的共同结论是 EEC 增加了成员国从其他成员国的进口,减少了对非成员国的进口,前者的增加额(贸易创造)大于后者的减少额(贸易转移)。

关于自由贸易协定贸易效应的实证分析,大多数研究得出的结论是自由贸易协定对成员国的贸易影响是积极的,对非成员国的影响则是消极的。Krueger(1999)用引力模型分析了墨西哥加入北美自由贸易协定(North American Free Trade Agreement,NAFTA)后,美国、加拿大、墨西哥之间的贸易数据。得出

的结论是:墨西哥加入北美自由贸易协定后,与成员国内部贸易增加,与非成员国贸易减少。Clausing(2001)分析了加美自由贸易协定(Canada-US Free Trade Agreement,CUSFTA)的贸易创造效应和贸易转移效应。他认为两国之间的关税减免对贸易创造起到了大部分作用,且几乎不存在从非成员国的贸易转移效应。Urata 等(2003)用 CGE 模型研究得出中日韩自由贸易协定(China-Japan-ROK Free Trade Agreement,CJKFTA)对东亚国家 GDP 和福利的影响是积极的,而对非成员国的影响是消极的。Trefler(2004)用以税收变化为自变量的计量回归法分析了加美自由贸易协定对就业和劳动生产率的影响。研究得出,自由贸易协定的建立对就业的影响是消极的,但对劳动生产率的影响是积极的,自由贸易协定带来的贸易创造效应要比贸易转移效应大,因此提升了总体福利水平。Romalis(2007)通过对 5000 种商品的分析,发现北美自由贸易协定和加美自由贸易协定对世界贸易量有很大的影响,而对价格和福利的影响比较微小。两者通过从非成员国的进口转移,提高了北美受高度保护的产业的产出与价格。Baier 等(2007)采用引力方程分析了自由贸易协定对成员国的贸易创造效应,他们发现,平均水平上一个自由贸易协定在 10 年后会给贸易伙伴国的双边贸易带来 2 倍的贸易量。后来,Baier 等(2009)采用更稳定的匹配计量经济学方法研究了自由贸易协定对贸易伙伴国长期贸易流量的影响。依然发现,长期平均来看,自由贸易协定显著地增加了双边贸易流量,几乎是 2 倍。Anderson 等(2016)通过 1990—2002 年二分位的制造业部门面板数据,用结构化引力方程分析了贸易与自由贸易协定的因果关系,得出的结论是:自由贸易协定对区域内成员国有促进作用,对非成员国打击很小。

也有学者认为自由贸易协定的积极影响是不确定的。如 Ju 等(1996)提出自由贸易协定对成员国还存在另外两种效应,即进口减少效应和福利恶化效应。有些文献研究结果则是自由贸易协定对成员国确实存在显著的积极意义,但对非成员国的影响也不大。Whalley 等(2003)对美国—南非自由贸易区(United States-Southern African Customs Union Free Trade Agreement,US-SACU FTA)进行了研究,得出由于南部非洲关税同盟的商品市场和要素市场的扭曲以及经济制度的效率问题,自由贸易协定的建立会使其更加贫穷的结论。

Magee(2008)采用 1980—1998 年 133 个 WTO 成员数据,测算了三类区域贸易协定对贸易流量的影响。结果显示,区域贸易协定对贸易流量有显著的预期效果(在协定实施前 4 年贸易流量就会提高 26%)而且会持续影响 11 年。其中,关税同盟对区域内贸易流量的影响时间最长;特惠贸易协定对贸易流量的积极影响最小,要在协定签订 5 年后才开始显现。此外,区域贸易协定对不同的国家影响不同:当国家与邻近的大国签订区域贸易协定时,会经历显著的双边贸易增长。Eicher 等(2011)基于 177 个国家 50 年的贸易数据,用引力模型方法测算了 WTO 和区域贸易协定对贸易流量的影响,得出区域贸易协定对贸易流量有显著影响,而 WTO 没有。此外,区域贸易协定对贸易流量的影响是不平衡的,例如非关税减免的亚太经济合作组织(Asia-Pacific Economic Co-operation,APEC)带来的效应很弱,而经济联盟带来的效应则很强。

(二)贸易效应的国内研究

国内关于自由贸易协定的研究起步较晚,2000 年以前大多停留在研究自由贸易区的原因、现状、前景设想阶段,理论研究较少,基本以实证分析为主。

从研究对象看,中国—东盟自由贸易区(China-ASEAN Free Trade Area,CAFT)是中国参与的第一个自贸区,并成为世界上最大的由发展中国家组成的自贸区,关于 CAFTA 的研究也是目前国内研究的热点。这些研究中,大部分是研究 CAFTA 的贸易效应和贸易利益的,如陈汉林等(2007)、陈雯(2009)、周曙东等(2010)、曹亮等(2010)、方文超等(2012)等。还有部分学者是研究农产品贸易的,如周曙东等(2006)、仇焕广等(2007)、杨凤(2016)、杨重玉等(2018)等。其他已经成立的自贸区,学者们也有所研究,如李丽等(2008a;2008b)、李晓峰等(2009)。也有学者对多个自贸区进行了研究,如张焦伟(2009)、陈淑梅等(2018)、黄启才等(2019)等。也有学者研究了中国未加入的自由贸易协定如韩国—欧盟自由贸易协定(刘宇等,2011)等对中国贸易的影响。

从研究结果看,大多数学者的研究都是关于自由贸易协定对成员方的影响,总体上说是积极的,对非成员方的消极影响比较小。仇焕广等(2007)研究证明,中国—东盟自由贸易区将提高中国和东盟贸易额和资源配置效率,从而促进双边福利增长。但中国—东盟自由贸易区对我国不同地区农业生产的影响存在显著差别。方文超等(2012)通过对中国—东盟自由贸易区的分析,论证了帕克(Park)的"合成谬误"是错误的。原瑞玲等(2014)从贸易创造和贸易转移两方面分析了中国—东盟自由贸易区对我国农品进口贸易的影响。

张焦伟(2009)较早对多个自由贸易协定进行了分析研究,其采用 1988—2006 年 39 个国家 226 对双边自由贸易协定的面板数据,用引力模型检验了自由贸易协定的贸易效应、外商直接投资效应以及它们的影响因素,并对当时中国已签订的自由贸易协定(中国—东盟,中国—智利,中国—巴基斯坦,中国—新西兰)和潜在自由贸易协定的各种效应进行了测算评估。陈淑梅等(2018)从全球价值链视角重新评估了我国已签署自由贸易协定的增加值贸易效应,认为中国签订自由贸易协定实际创造的贸易收益要小于贸易总额的增量。黄启才等(2019)研究发现,自由贸易协定对出口的促进作用明显高于进口,而且自由贸易协定签订生效的时间越长,其贸易促进作用就越大。

第二节　区域贸易协定与贸易结构分析

贸易结构有多层含义,一般包括贸易商品结构、贸易方式结构和产业内/间贸易结构,本节研究的是最后一种。从 20 世纪 60 年代开始,全球贸易出现了许多新趋势,其中一个显著的特征就是发达国家之间、发达国家与发展中国家之间的产业内贸易开始迅速发展。产业内贸易是影响国际分工、促进主导产业形成、升级和转型的重要因素,也是各国贸易利益的主要来源(孙营等,2014)。

一、新贸易理论与产业内贸易

早期的经验分析中,Balassa(1963)对欧共体制成品贸易进行分析后认为,制成品贸易的增长大部分发生在产品组内,而不是产品组间。传统的比较优势理论已经不能解释发达国家之间发生贸易的原因,国际贸易理论随着产业内贸易的发展进入了新贸易理论阶段。

20 世纪 80 年代以来,在新古典贸易理论和新贸易理论的框架下,国内外学者纷纷基于要素禀赋、需求偏好、规模经济、产品差异化、技术差距、经济一体化等理论探究发生产业内贸易的原因,并从国家、产业、企业等层面对影响因素展开经验分析。如 Krugman(1979;1980;1981)、Helpman(1981)、Lancaster(1980)、Falvey(1981)、Brander(1981)、Fukao 等(2003)等学者对产业内贸易产生的影响因素构建理论模型进行研究。

产业内贸易的商品可以是同质的,也可以是差异性的,从而导致产生产业内贸易的原因大有不同。寡头垄断市场上厂商的倾销和价格歧视策略可以带来同质产品产业内贸易(Brander,1981;Brander et al.,1983)。当不完全竞争市场中的企业采用古诺战略,设定边际收益等于边际成本,即使两国产品相同,为了追求利润最大化,只要在国外市场的边际收益可以超过国内市场,企业依然会向对方市场销售产品,产生贸易。

发生差异性产品的产业内贸易主要是因为存在消费偏好、规模经济和要素禀赋差异。这种贸易又可分为水平型和垂直型两类,前者以 Krugman(1979)和 Lancaster(1980)的模型为代表,后者以 Falvey(1981)的模型为代表。Krugman(1979)基于 Dixit 等(1977)的垄断竞争模型,发现在规模经济和产品水平存在差异的前提下,产量的增加会导致价格的降低,两个要素禀赋相同但生产不同种类产品的国家能够发生产业内贸易。Lancaster(1980)的模型除了规模经济的假设外,强调产品特性差异和消费者偏好差异。规模经济导致产品单位价格降低,又可以使得消费者获得更加多样化的产品,满足不同消费者的需求。Falvey(1981)的研究则是垂直型产业内贸易研究的起源。Falvey 放弃规模经济和不完全竞争等假设,构建了两国两要素多产品模型,基于劳动和资本等生产要素的不同和产品质量的不同来解释垂直型产业内贸易,认为资本要素丰富的国家专业生产出口高质量的产品,劳动资本要素丰富的国家专业生产出口低质量的产品。Shaked 等(1984)还考虑了研发支出对产业内贸易的影响。Fukao 等(2003)提出了基于国际直接投资 FDI 的垂直型产业内贸易模型,并得出 FDI 在东亚的垂直型产业内贸易增长中起到重要作用,并认为只有在 FDI 成本和贸易成本都很低的情况下,垂直型产业内贸易才会发生。

因此,在不同的理论框架下,产业内贸易的影响因素可以来自以下解释:规模经济的产生、产品差异化程度的提高、贸易伙伴需求偏好、厂商竞争性策略行为、跨国公司的国际直接投资、贸易壁垒的削减和贸易自由化等。其中,贸易壁垒的削减和贸易自由化会对产业内贸易产生积极影响。但是关于区域经济一体化对产业内贸易的影响机制,尚没有专门的文献进行梳理,本书将在第五章对此展开分析。

二、区域贸易协定与产业内贸易的经验研究

对产业内贸易决定因素的经验研究始于 20 世纪 80 年代。由于产业内贸

易理论还没有一个统一的理论框架,所以其影响因素的实证研究经常涉及不同理论的不同因素。根据因素变量的层次,可以分为代表国家特征的因素和代表产业特征的因素。前者包括国家经济规模(及差异)、人均收入水平(及差异)、地理距离、要素禀赋、区域经济一体化等变量,后者包括产品差异性、规模经济、市场结构、FDI、研究与技术投入等。

从产业内贸易的经验分析可知,经济一体化和产业内贸易是两种经济现象,但是经济一体化可以促进产业内贸易。Balassa(1967)提到欧共体的建立更大地促进了成员之间的产业内贸易。Fontagné 等(1997b)、Egger 等(2008)、Sawyer 等(2010)、吴学君等(2011)等学者在经验分析中也认为区域经济一体化对产业内贸易的影响是积极、显著的。Fontagné 等(1997b)对 1980—1994 年经济联盟成员间的贸易进行了分析,选择国家特征因素(经济规模、经济规模差异、人均收入、人均收入差异、地理距离)、市场结构因素(规模经济和产品差异化)和经济一体化(非关税壁垒、汇率、FDI 占比)三类自变量。在水平型产业内贸易的影响因素中,国家经济规模、人均收入水平、经济一体化、FDI等变量与其正相关,国家规模差异、人均收入差异、交易成本、产品差异化水平等变量与其负相关。在垂直差异化产业内贸易的决定因素中,国家经济规模、产品差异化、人均收入、经济一体化等变量与其正相关,GDP 差异和地理距离等与其负相关,产品差异化变量不显著。Egger 等(2008)基于发达国家样本,利用匹配技术估计分析得出区域贸易协定带来的贸易流量效应主要是来自产业内贸易的增长。吴学君等(2011)对中国农产品产业内贸易的影响因素进行了实证研究,结果表明,人均收入差距、外商直接投资、农产品贸易不平衡、贸易伙伴的贸易开放度是影响中国农产品产业内贸易的主要国家层面因素;区域优惠贸易安排等因素对中国农产品产业内贸易发展也有不容忽视的影响。

但也有部分研究认为区域经济一体化对产业内贸易的影响是不存在的。Kucuksakarya(2014)认为自由贸易协定对土耳其和以色列的边际产业内贸易几乎没有影响。Aggarwal(2017)也认为自由贸易协定对印度的双边产业内贸易的影响并不显著,因为印度与发达国家还没有签订自由贸易协定,但依然有较高的产业内贸易。

从以上经验分析可见,区域经济一体化对产业内贸易的影响,会因不同研究对象的现实贸易情况而得出不同的结论。

第三节 区域贸易协定及贸易边际分析

几个世纪以来,国际贸易理论随着贸易实践的发展经历了从传统贸易理论到新贸易理论,再到新新贸易理论的发展。而且,不同贸易理论有不同的前提假设,因此在解释贸易增长的源泉时,得出的结论也不完全相同。

古典贸易理论、新古典贸易理论的假设前提是企业和产品的同质性和完全竞争的市场结构,以国家为研究对象,从国家间的技术和资源差异这一角度研究国际贸易模式及福利效应,揭示的是早期国际贸易的产业间贸易现象,即出口增长主要体现为同种产品数量的增长,蕴含的是一种集约边际的贸易模式。新贸易理论阶段则放松了产品的同质性假设,但仍假定企业是同质的,考虑不完全竞争和规模经济对生产的重要作用,以一国产业为研究对象,重点研究了产业内贸易问题,蕴含的是一种扩展边际的贸易模式。Krugman(1980)提出了差异化产品的概念,并建立了垄断竞争模型,认为消费者对产品种类都有其偏好,产品之间不完全替代,因此出口国可通过出口更多种产品来推动贸易总量增长(即沿扩展边际的贸易增长)。新新贸易理论从企业层面对贸易的来源展开研究,为集约边际和扩展边际的进一步研究探讨提供了理论基础。

一、新新贸易理论的贸易增长

新新贸易理论的代表人物是 Melitz(2003)、Antràs(2003)、Bernard 等(2003),他们以具有生产率差异的微观企业为研究对象,研究了企业的贸易投资行为。

Bernard 等(2003)通过将随机的企业生产率引入李嘉图模型,分析得出企业的生产率和规模会影响企业出口决策的结论。出口企业有较高的生产率和较大的规模,且贸易壁垒的降低会促进企业出口。Melitz(2003)在 Krugman(1980)垄断竞争模型的一般均衡分析框架基础上,将企业生产率差异纳入模型中,发现由于贸易成本的存在,只有生产率较高的企业才能出口,而生产率低的企业只为国内市场生产。Baldwin 等(2005)以 Melitz(2003)的模型为基础,分析国内企业、出口企业和不生产企业等不同类型企业之间的生产率差异,证实了高生产率企业选择出口的结论。Ghironi 等(2005)在 Melitz(2003)基本模型假定的基础上,建立了一个宏观动态一般均衡两国模型,并假定差异化的企业生产率以及垄断竞争的市场结构。该模型证明了相对生产率高的企业选择出口,并分析了外生的生产率冲击以及贸易成本变化对企业出口和退出市场等决策的影响,得出的结论和前期研究结果基本一致。Namini 等(2006)建立动态一般均衡模型,分析了企业随机选择进入出口市场和谨慎选择进入出口市场的福利情况,表明贸易自由化的积极效应会使得企业谨慎进入出口市场,但其负面效应也会让企业选择随机进入。新新贸易理论框架下的贸易增长包含两个方面——出口数量的增加和出口产品种类的增加,意味着一国出口增长可以通过两个途径,即贸易集约边际(intensive margin)增长和贸易扩展边际(extensive margin)增长。集约边际增长意味着原出口企业出口产品实现了量的扩张,扩展边际增长则表明新企业进入出口市场以及出口产品种类的增加。

在新新贸易理论框架下,学者们还分析了贸易成本降低对企业、产业和国家的影响从而来探讨贸易自由化效应。Bernard 等(2003)和 Melitz(2003)的模型都认为,当贸易自由化带来贸易成本降低时,生产率低且不出口的企业会消失,新的生产率高的企业加入出口行列并获利,生产率最高的企业,出口量会增加。Bernard 等(2009b)研究了一般均衡条件下,即企业具有异质性生产率,产业要素密集度不同且国家要素禀赋有差异,自由贸易带来的贸易成本降低会导致产业和国家的资源再配置,一国的比较优势部门获得更大收益。Bernard 等(2011)分析得出贸易自由化促使企业去生产自己最有效率的产品,并导致一些无效率的企业退出生产,从而推动企业内部和企业间生产率的提高;贸易自由化还使得企业出口的产品种类减少,但出口量会增加。

许多学者对美国等发达国家和发展中国家的贸易增长进行了经验分析论证。部分学者认为集约边际对贸易增长的贡献更大。Bernard 等(1999)分析了 20 世纪 80 年代末 90 年代初美国出口增长的源泉,发现美国出口增长主要归功于现有出口企业出口密度的加大(集约边际),但也有相当一部分源于原来仅在当地销售的企业开始成为出口者(扩展边际)。Amurgo-Pacheco 等(2007)分析了 24 个发达国家和发展中国家 1990—2005 年的贸易流量,发现这些国家 86% 的出口增长源自集约边际;对于发展中国家而言,地理多样化的扩展边际比产品多样化的扩展边际更重要。Helpman 等(2008)基于 158 个国家的研究发现,1970—1997 年的贸易增长主要归功于原有贸易伙伴间的贸易量增加,而不是与新贸易伙伴的贸易,即主要是集约边际增长而非扩展边际增长。

另一些文献认为扩展边际越来越重要。Bernard 等(2003)对美国 1986—1992 年制造业的分析再一次证明贸易扩展边际的重要性。Hummels 等(2005)基于 1995 年多国数据的研究发现,扩展边际对大国出口增长的贡献达到 62%,大国出口了更多价格高的产品。Bernard 等(2009a)用美国数据分析了贸易的二元边际对不同贸易伙伴间的进出口贸易差异,以及贸易类型的短期和长期的影响,研究发现贸易伙伴间进出口波动主要取决于扩展的贸易边际,而一年内的短期波动则主要受集约的贸易边际影响。他们又对 1997 年亚洲金融危机前后的美国贸易进行了分析,得出美国出口下降和进口增加主要来自集约边际。

国内学者对贸易增长的二元边际研究较多。钱学锋(2008)基于 Kancs(2007)的模型,将中国出口总量增长分解为集约的贸易边际与扩展的贸易边际,研究表明,在 2003—2006 年,中国的出口扩张主要源自贸易集约边际,而贸易成本降低主要通过贸易扩展边际促进中国出口总量增长产生影响。施炳展(2010)基于 1995—2004 年中国的 HS 编码 92 版本的六分位出口数据,对中国出口增长进行了分解,研究得出的结论是:中国出口产品的数量增长速度最快,广度增长速度其次,价格增长速度极为缓慢,前两者促成了中国出口的迅速增长。施炳展(2011)基于三元边际对中美贸易摩擦进行了分析,认为中国对美国数量顺差,广度与价格却是逆差。陈勇兵等(2012)基于企业异质性贸易理论框架,利用中国海关数据从企业层面展开分析,将中国出口增长分解为出口企业数量(扩展边际)增长与单位企业的平均出口额(集约边际)增长,分析中国企业出口动态和二元边际结构,发现 2000—2005 年尽管扩展边际的波动幅度远大于集约边际,中国出口的增长的大部分仍是由持续出口企业的贸易额扩大实现的。他进一步考察了不同贸易成本的作用机制,得出各种因素对二元边际的作用机制和程度不尽相同,经济规模、地理距离和贸易成本的变动主要通过扩展边际来影响贸易流量。王孝松等(2014)研究了中国出口产品遭遇的反倾销壁垒对出口增长的二元边际所产生的影响,计量结果表明,贸易伙伴发起的反倾销措施显著抑制了中国出口增长的内涵边际(集约边际)和外延边际(扩展边际),并且反倾销措施对外延边际的抑制效应要大于对内涵边际的抑制效应。

陈勇兵等(2015)利用 1995—2012 年中国对东盟各国的 HS6 分位数产品的出口贸易数据,探究中国—东盟自由贸易区建立前后中国对东盟出口的二元边际结构,得出中国对东盟的出口以集约边际为主的结论。魏浩等(2016)分析了中国进口增长的三元边际及其影响因素,认为中国进口产品数量增多是中国进口快速增长的源泉,中国进口产品价格一直高于世界平均水平。梁俊伟等(2016)测算了中国出口的二元边际,并借助引力模型检验了非关税壁垒对它的影响。研究发现,贸易伙伴对华频繁发起非关税壁垒,使得中国出口的集约边际扩张,但扩展边际收缩。同时,来自发达经济体和发展中经济体的非关税壁垒对中国出口边际的影响存在一定差异。

黄新飞等(2017)基于 Hummels 等(2005)的方法对中国出口贸易进行了三元边际分解,并研究了贸易伙伴对第三方发起反倾销活动对中国出口贸易三元边际的影响。其实证结果表明,第三方遭遇反倾销活动促进了中国出口贸易扩展边际的增长,抑制了中国出口贸易数量边际和价格边际的增长。魏昀妍等(2017)也基于 HS6 分位商品贸易数据分析了中国对"一带一路"沿线国家商品出口贸易增长的三元边际特征,认为"以量取胜"依然是拉动出口增长的主要模式,但是价格边际对贸易增长的促进作用也在逐步显现;进一步划分 7 个区域的研究发现,数量边际带动贸易增长的作用在大部分区域都很显著。尚涛等(2018)测算了 2005—2015 年中国对"一带一路"沿线 65 国的集约边际增长与新产品边际增长情况,得出新产品边际是促进中国对"一带一路"地区贸易增长的重要因素,尤其是对于人均收入较低、经济增长率较高的发展中国家,新产品边际的作用更为重要。

二、区域贸易协定与贸易的三元边际

(一)国外研究

Bernard 等学者对贸易自由化、贸易成本降低与贸易增长二元边际的关系进行了验证。Bernard 等(2006)基于美国制造业的面板数据,分析了行业层面关税和运输成本下降对制造业企业的影响,结果显示,贸易成本下降较大的行业表现出较高的生产率增长,而低生产率企业会退出生产,高生产率的非出口企业更有可能开始出口,现有的出口企业会增加出口量。Frensch(2009)分析了欧洲新兴经济体最近的贸易制度自由化对进口二元边际的影响,结果显示,与消费品相比,贸易自由化对中间产品和资本产品的扩展边际有更显著的影响。

区域贸易协定对贸易总量增长的促进作用不断被证实,但它对贸易量增长的二元边际影响,国外的实证研究得出了截然不同的结论。签署实施自由贸易协定,通过减免关税和消除各种非关税贸易壁垒降低了贸易成本(Flam et al., 2006),通过提高经济效率和异质性企业总的生产率,促进了福利增加(Melitz, 2003)。

部分学者认为,关税下降会增加出口产品的种类和出口商的数量,即区域贸易协定对双边贸易的增长作用主要是扩展边际的影响。Hillberry 等(2002)发现北美自由贸易协定对美国和墨西哥之间的贸易扩展边际影响显著,尤其是美国从墨西哥的进口扩展边际增长较大。Kancs(2007)基于企业异质性贸易模型分析了双边国际贸易协定对东南欧国家贸易的影响,研究结果发现双边国际贸易协定主要通过扩展边际的途径促进贸易增长。Foster 等(2011)利用倾向得分匹配的方法,认为区域贸易协定主要是通过扩展边际有效地促进出口,贸易创造效应在小国间区域贸易协定更显著,而大国间区域贸易协定对扩展边际的影响更显著。

另一部分学者认为区域贸易协定的影响主要集中在贸易的集约边际。Helpman 等(2008)分析了加入自由贸易协定、世界贸易组织等对美国贸易集约边际和扩展边际的影响,贸易摩擦的减少主要带来贸易扩展边际的波动;而美国 1970—1997 年的贸易增长主要归功于现有贸易伙伴的贸易增长,而不是增加了新的贸易伙伴。Buono 等(2012)分析了 1995 年乌拉圭回合后关税减让促进法国出口贸易增长,主要归因于集约边际,而出口的扩展效应很小也不稳健。Baier 等(2014)分析得出不同类型的经济一体化协议对贸易集约边际和扩展边际的作用不同,且对贸易流量的短期效应更多是集约边际的影响,而长期效应更多是扩展边际的影响。

Baier 等(2015,2017)以贸易的可变成本和固定成本为出发点,研究了经济一体化协议带来的贸易成本变化是如何影响集约边际和扩展边际的。他们的研究认为,经济一体化协议的贸易效应存在异质性,是因为每个国家的可变贸易成本和固定贸易成本存在差异,因此同一类经济一体化协议对不同国家带来的贸易效应也是不同的,这种差异甚至超过了贸易自由化程度不同带来的差异。引力方程中的地理距离、领土相接、文化因素、政治因素等是造成经济一体化协议对集约边际和扩展边际影响不同的原因。

(二)国内研究

国内目前涉及区域贸易协定对出口边际影响的文献不是很多。钱学锋等(2010)研究得出的结论是:中国的出口增长主要是沿着集约边际实现的,扩展边际贡献很小。他通过 Tobit 模型进一步发现区域贸易协定的签订只能促进中国出口的集约边际,却不能提升出口的扩展边际。汪颖博等(2014)利用2001—2010 年 HS6 分位产品层面的 WTO 关税和中国—东盟自由贸易协定关税数据,研究了中国—东盟自由贸易协定框架下中国的协定关税和非关税政策对进口增长的二元边际影响。结果表明,协定关税政策通过协定关税的下降促进中国进口集约边际增长,而更多地通过非关税政策的实施促进扩展边际的增长。此外,扩展边际从中国—东盟自由贸易协定关税的等量下降中获得了更多的增长。陈勇兵等(2015)认为中国—东盟自由贸易协定对中国出口二元边际都有促进作用,但对集约边际的影响更大。魏昀妍等(2017)研究了中国与"一带一路"沿线国家商品出口贸易增长的三元边际影响因素,实证得出是否与中国签署自由贸易协定对三元边际的影响显著为负或者不显著,理由是虽然自贸区能减少贸易成本,但是由于目的国与中国的需求差异较大反而会减少进口的数量。田聪颖等(2018)分析了中韩自由贸易区背景下中韩双边出口增长的三元边际特征,认为关税下调将促进韩国出口更趋多样化,但对我国产品出口的多样性水平促进作用不显著。尚涛等(2018)得出自由贸易区的建立对中国出口的正向作用更多体现在集约边际方向。

三、区域贸易协定与贸易政策不确定性

在不确定性研究的初期,大多数文献集中分析经济不确定性的影响(龚联梅等,2018)。自 Handley(2014)基于异质性企业模型框架探讨贸易政策不确定性如何影响企业出口动态变化之后,与之相关的贸易政策不确定性理论和经验研究才逐渐展开和丰富起来。

在世界政治经济日益复杂的环境下,贸易政策不确定性对贸易及宏观经济的影响受到越来越多的关注,并已经成为贸易政策研究领域的重要分支。因为在贸易政策领域,承诺和可靠度是非常重要的,贸易政策的不确定性将延迟企

业的投资(Limão et al.,2015)。

部分学者基于 Bernanke(1983)和 Dixit(1989)的沉淀成本理论研究了贸易政策不确定性对企业进入和退出市场行为的影响(Handley,2014;Handley et al.,2015;Ling et al.,2017)。

政策不确定性可以显著影响企业层面的国际贸易投资和进入决策。当市场进入成本下降时,政策不确定性可以创造一个选择价值,直到条件改善或不确定性解决,等待进入外国市场。Handley(2014)理论分析了贸易政策不确定性对贸易的影响。在异质性企业的动态模型中,研究表明贸易政策的不确定性会延迟出口商进入新市场,并使他们对降低关税的反应不那么敏感。减少或消除不确定性的政策工具如 WTO 有约束力的承诺,可以增加企业进入出口市场。他利用澳大利亚 2004 年和 2006 年的数据对模型进行了验证,结果表明减少贸易政策不确定性与单方面削减关税一样有效。Ling 等(2017)验证了贸易政策不确定性降低会同时诱导细分产品市场的企业进入和退出出口活动。伴随着资源重新配置导致的出口产品价格和质量的变化,以更低价格提供高质量产品的公司进入出口市场,而以更高价格提供低质量产品的公司退出出口市场。

还有一些学者认为区域贸易协定会降低贸易政策不确定性,从而促进贸易,增加贸易额和产品种类数(Handley,2014;Handley et al.,2015;Limão et al.,2015;钱学锋等,2017;Carballo et al.,2018)。在不同的区域贸易协定下,贸易政策不确定性的下降存在差异性,因而所带来的企业进入和退出结果存在差异。Limão 等(2015)讨论了贸易协定通过降低贸易政策不确定性给成员方带来收益。在一定程度的风险厌恶下,当经济更加开放、出口供应弹性更低、经济更加专业化时,贸易协定的不确定性降低动机更可能存在。在贸易环境更加不确定的情况下,政府可以通过加入贸易协定来获得更多的收益。Carballo 等(2018)认为外国收入及贸易保护的不确定性和它们的相互作用都会抑制出口投资,这可以通过贸易协定来缓解,目前的贸易协定网络可以降低不确定性,在需求波动加剧的时期尤为重要。该研究分别对美国与 PTA 成员和非成员的累积双边出口增长进行了分析,在 2002—2008 年都相差无异,但是金融危机后对 PTA 成员的出口仅略有下降,且更早恢复到危机前的峰值,并从 2009 年开始累计增长。钱学锋等(2017)研究得出,中国与全面经济伙伴关系协定和跨太平洋伙伴关系协定两组区域贸易协定成员之间的实际关税即使没有变化,区域贸易协定协议也会通过降低中国面临的贸易政策不确定性,最终促进中国制造业的出口,且贸易政策不确定性对中国制造业出口的影响主要通过集约边际来实现。

第四节　区域贸易协定的异质性研究

学术界对区域贸易协定异质性的分析主要分为两个层次。早期,学者们关注区域贸易协定贸易效应的异质性表现,主要研究区域贸易协定类型、缔结对象等。Magee(2008)的研究显示,CU 对区域内贸易流量的影响时间最长,PTA 对贸易流量的积极影响最小。Baier 等(2014)的实证分析也得出深度的区域贸易协定、FTA 以及双向或单向 PTA 对贸易流量的效应是依次递减的。基于以上文献,Limāo(2016)认为区域贸易协定的异质性贸易效应源自于区域贸易协定的类型不同。Baier 等(2017)从贸易成本角度分析,即使同一种类型区域贸易协定,国家不同,贸易效应也可能不同。国内学者曲越等(2018)用 Global Trade Analysis Project(GTAP)模型对中国的 FTA 异质性效应进行了模拟分析。李春顶等(2018)研究了正在谈判的大型区域贸易协定对中国的潜在经济效应,认为亚太自由贸易区(Free Trade Area of the Asia－Pacific,FTAAP)和区域全面经济伙伴关系协定(Regional Comprehensive Economic Partnership,RCEP)的积极效应最大。韩剑等(2019)和张中元(2019)考察了不同深度的 FTA 对全球价值链的影响。陈淑梅等(2018)则从出口国内增加值率的"异质性"视角,发现中国对自由贸易协定伙伴出口中的国内增加值占比越高,对应自由贸易协定带来的贸易创造效应越大,而且自由贸易协定的贸易效应因贸易伙伴和实施阶段而异。

近期对自由贸易协定内容的异质性及条款深度的关注开始出现少量相关成果(Osnago et al.,2016;Hofmann et al.,2017)。Horn 等(2010)对美国和欧盟的自由贸易协定进行了文本分析,对自由贸易协定条款进行分类并予以赋值。Osnago 等(2016)研究了区域贸易协定条款深度与全球价值链的关系,得出签订深度区域贸易协定条款的国家会获得更多的产品零部件贸易,总出口中的国外增加值比重更高。Hofmann 等(2017)在 Horn 等(2010)的基础上对

1958—2015 年签订的 279 个区域贸易协定的条款覆盖面和法律可执行性进行了统计。Mattoo 等(2017)利用 Hofmann 等(2017)的数据库,在标准引力模型中加入区域贸易协定水平深度变量,发现区域贸易协定水平深度增高能够带来更多的贸易创造效应。国内学者近年来也从自由贸易协定文本视角展开研究,分析异质性的自由贸易协定对贸易及投资的影响(韩剑等,2018;韩剑等,2019;吴小康等,2019;张中元,2019;林梦瑶等,2019;张应武等,2019)。韩剑等(2018)探讨了含有知识产权保护条款的中国自由贸易协定对双边贸易的影响及作用机制。韩剑等(2019)考察了深度自由贸易协定对各国嵌入全球价值链的影响,得出自由贸易协定深度能够有效促进一国对全球价值链的参与并提升价值链上游度水平,而且此效应对发展中国家更为显著。吴小康等(2019)系统评估了中国迄今签订的所有区域贸易协定的在不同议题上的覆盖程度和法律可执行程度。张中元(2019)研究发现区域贸易协定的"总深度"条款对出口经济体在全球价值链中的前向垂直专业化参与率有明显的促进作用,其中"WTO＋"条款与"WTO-X"条款的影响具有较大的差异。林梦瑶等(2019)分析了区域贸易协定中的竞争政策条款水平深度对 OECD 国家对外直接投资的影响,认为竞争政策水平深度的提升有利于提高外延边际外商直接投资流量。张应武等(2019)基于 2001—2016 年中国与 175 个贸易伙伴的面板数据,利用拓展的引力模型和 PPML 估计方法,得出条款覆盖范围越广、法律执行力越强的自由贸易协定的贸易促进效应越大,忽视自由贸易协定异质性可能会高估自由贸易协定的贸易效应。

第五节　区域贸易协定与建设贸易强国、外贸高质量发展

2010 年,商务部在中国进出口商品交易会(又称广交会)举行全国转变外贸发展方式报告会上首次发布《后危机时代中国外贸发展战略研究》,提出到2030 年要初步实现贸易强国目标。2017 年,党的十九大报告明确提出推进贸易强国建设的重要任务。因此,加快贸易强国建设,促进外贸高质量发展,是新时期我国外贸发展的重要议题。

国外学者没有明确提出贸易强国的概念,但会通过贸易规模、贸易结构、贸易的技术含量等数量与质量指标研究一国的贸易竞争力(裴长洪等,2017)。贸易强国的实现路径往往与一国的贸易模式、经济增长方式以及时代主题密切相关(潘涛,2017)。盛斌(2015)提出了贸易强国的 10 个共同特征。裴长洪等(2017)构建了贸易强国共性指标和特性指标,分析我国与世界各贸易强国的差距。

党的十九大报告中作出了"我国经济已由高速增长阶段转向高质量发展阶段"的科学判断。中国作为已深度融入全球价值链分工体系的开放型大国,经济高质量发展离不开对外贸易的高质量发展。同时外贸高质量发展是中国从贸易大国走向贸易强国的一个重要表现。戴翔等(2018)提出外贸高质量发展的基本内涵就是要实现横向维度上更加平衡和纵向维度上更加充分的发展。推进外贸高质量发展是一项系统工程,就是要重点推进"一带一路"建设,打造东西双向互济发展模式,实现制造业和服务业开放并重的开放格局,推动外贸领域的供给侧结构性改革以加快推进外贸出口企业转型升级。

中国积极参与区域一体化和自贸区建设与外贸高质量发展、建设贸易强国之间有不可分割的联系。李钢(2018)认为,建设贸易强国的路径包括推进区域一体化进程和自贸区建设,加快形成立足周边、辐射"一带一路"、面向全球的高标准自由贸易区网络,不断提升与大国双边经贸规则博弈能力。周丽群(2019)认为建设贸易强国的路径包括推动共建"一带一路"走深走实,积极开拓相关国家市场,引导企业赴相关国家投资,实现合作共赢;构建高标准自贸区网络,扩大自贸伙伴覆盖面,提高开放标准。田伊霖等(2019)认为中非贸易仍存在贸易结构单一、发展动力不足的问题,提出要从削减贸易壁垒、完善贸易合作机制、创新经贸合作方式等途径推动中非贸易高质量发展。

第六节　本章小结

首先,本章回顾了早期区域贸易协定的静态贸易效应:区域贸易协定通过贸易创造和贸易转移促进区域内的贸易增长。其次,对区域贸易协定贸易效应的经验研究进行了梳理。大多数研究得出的结论是区域贸易协定对成员方的贸易影响是积极的,而对非成员方的影响则是消极的。在之后的研究中,越来越多的学者提到了区域贸易协定的异质性贸易效应问题。提出根据区域贸易协定的深度不同,自由化程度不同,区域贸易协定会有不同的效应。后来又发现即使是同一种深度的区域贸易协定,贸易效应也会因国家的不同而不同。

新贸易理论框架下,从产业内贸易的经验分析中可知,产业内贸易的影响因素可以来自以下解释:规模经济的产生、产品差异化程度的提高、贸易伙伴需求偏好、厂商竞争性策略行为、跨国公司的国际直接投资、贸易壁垒的削减和贸易自由化等。其中,贸易壁垒的削减和贸易自由化会对产业内贸易产生积极影响。在新新贸易理论框架下,对贸易增长的研究更加深入细化。在异质性企业框架下,贸易增长的来源分解为集约边际,相关扩展边际的研究不断展开,关于区域贸易协定贸易效应的经验分析开始探索区域贸易协定对贸易增长的哪种边际影响更突出。从理论视角看,从贸易结构和贸易边际视角研究分析区域贸易协定的贸易增长效应有贸易理论的支持,而且这是对区域贸易协定贸易效应的扩展延伸,贸易流量的增长是最终的整体效果,对 RTA 贸易效应的深入分解剖析可以究其本质。

加快贸易强国建设,促进外贸高质量发展,是我国现阶段贸易发展的重要目标和坚定不移的方向。近年来国内学者对外贸高质量发展的内涵和实施渠道进行了探讨。我们认识到外贸发展质量比数量更重要,贸易结构更加高端有效是外贸高质量发展的重要方面。很多学者提到自由贸易区建设与贸易强国建设不可分割,却鲜有文献对此展开理论机制研究和实证分析。因此,虽然关于区域贸易协定贸易效应的研究并不少见,也得出了很多宝贵的经验分析结论,却几乎没有从贸易结构和贸易边际的视角切入分析中国区域贸易协定贸易效应的研究,本书尝试论证区域贸易协定战略是否会影响以及如何影响外贸高质量发展的目标,以期为中国更大的区域贸易合作蓝图提供些许借鉴和启示。

第三章　区域贸易协定影响贸易
结构和贸易边际的理论机制

经过前面对区域贸易协定(RTA)相关文献的梳理,可以看出 RTA[①] 的贸易效应研究有着深厚的理论基础和丰富的经验论证,而本书旨在从贸易结构和贸易边际视角来研究 RTA 的贸易效应。了解双边贸易总量增长的深层次原因,离不开贸易理论的支持,因此本章结合产业内贸易模型和异质性企业贸易模型,阐述了 RTA 促进产业内贸易增长和促进贸易边际增长的理论机制。

第一节　区域贸易协定影响产业内贸易的理论机制分析

一、理论模型

区域贸易协定是一个复杂的经济变量,虽然不能直接构建单一变量来做理论模型分析,但协定签订实施以后,通过降低贸易成本、促进区域内资本流动,对产业内贸易产生积极影响,而这些都是可以用来测算衡量的指标。

（一）Falvey 模型

贸易关税是双边贸易的主要绊脚石。Falvey(1981)的两国两要素多产品模型论证了关税降低对产业内贸易的促进作用。

假设每个国家只有一个行业,已有资本存量 K,并雇用工资率为 W 的劳动力,生产出质量有差异且质量指标为 $\alpha(\underline{\alpha} < \alpha < \bar{\alpha})$ 的多种产品。每种质量的产品都对应一定的资本劳动比例,生产 1 单位质量为 α 的产品需要 α 单位的资本加

---

① 为确保表述的简洁,下文均在不影响句意的前提下使用英文简写,包括区域贸易协定(RTA)、自由贸易协定(FTA)。

1 单位的劳动力。高质量的产品则需要更高资本密集型的生产技术而且价格更高。对每种质量产品的需求由所有质量的价格函数和消费者总收入来决定，总收入是不变的，因此需求可以视为由价格决定。

模型假定世界只有两个国家，本国和外国，各有相应的资本存量 K 和 K^*，并面临相应的工资率 W 和 W^*。资本在两国间不可流动，但在一国的各质量产品的生产领域可以自由流动。资本报酬率分别为 R 和 R^*。行业是完全竞争的。假定外国的工资率更低（$W > W^*$）。对于两国的资本回报，生产 1 单位质量为 α 产品的成本可以表示为

$$国内：\pi(\alpha) = W + \alpha R \tag{3.1}$$

$$国外：\pi^*(\alpha) = W^* + \alpha R^* \tag{3.2}$$

因为 $W^* < W$，当 $R^* < R$ 时，国外行业所有质量的产品价格将比国内更低，因为 $\pi^*(\alpha) < \pi(\alpha)$。这种情况下不会产生产业内贸易。所以，我们假定 $R^* > R$，且两国的资本被全部使用。

此时，会有一定质量范围的产品，本国企业可以以更低的价格生产，且也有一定质量范围的产品，外国企业可以以更低的价格生产。对于连续的 α，会有一个边际质量（α_1），使得 $\pi(\alpha_1) = \pi^*(\alpha_1)$，$\alpha_1 = \dfrac{W - W^*}{R^* - R}$；对于其他质量的产品，则有 $\pi(\alpha) - \pi^*(\alpha) = \left(\dfrac{W - W^*}{\alpha_1}\right)(\alpha_1 - \alpha)$。

由上式可见，因为本国工资率高 $W^* < W$，对于 $\alpha > \alpha_1$ 的产品，$\pi(\alpha) - \pi^*(\alpha) < 0$，本国成本低，本国会出口这些质量的产品。相反，对于 $\alpha < \alpha_1$ 的产品，本国会向外国进口。这两种情况都是产业内贸易。本国和外国对于质量为 α 的产品需求，取决于所有质量产品的相对价格。

假设关税是从价的，税率为 t，且对所有进口商品都征收关税。最初，本国和外国资本租金水平，本国的关税使得有一些质量的产品，原本是从外国进口的，但现在本国产品的价格可能低于加上关税后的进口价格。即征收关税使得本国生产的边际质量临界点上升为 α_2'，而外国生产并出口产品的边际质量临界点则下降为 α_1'。

此时，要区分 (α_1', α_2')，$(\underline{\alpha}, \alpha_1')$ 范围的产品仅由外国生产，$(\alpha_2', \overline{\alpha})$ 范围的产品仅由本国生产，两国都生产但不交易 (α_1', α_2') 范围的产品。α_1' 和 α_2' 的定义意味着

$$\pi(\alpha_1^t) = (1+t)\pi^*(\alpha_1^t)$$

$$\pi(\alpha_2^t) = \pi^*(\alpha_2^t)$$

将 $\pi(\alpha_1^t) = W + \alpha_1^t R$ 和 $\pi^*(\alpha_1^t) = W^* + \alpha_1^t R^*$ 代入 $W + \alpha_1^t R = (1+t)(W^* + \alpha_1^t R^*)$，可得

$$\alpha_1^t = \frac{(1+t)W^* - W}{R - (1+t)R^*}$$

$$\frac{\mathrm{d}\alpha_1^t}{\mathrm{d}t} = W^*\left[R + (1+t)^2\frac{\mathrm{d}R^*}{\mathrm{d}t}\right] - W\left[R^* + (1+t)\frac{\mathrm{d}R^*}{\mathrm{d}t}\right]$$

已知 $W > W^*$，$R^* > R$，且关税 t 较小，可得 $\frac{\mathrm{d}\alpha_1^t}{\mathrm{d}t} < 0$。

将 $\pi(\alpha_2^t) = W + \alpha_2^t R$ 和 $\pi^*(\alpha_2^t) = W^* + \alpha_2^t R^*$ 代入 $W + \alpha_2^t R = W^* + \alpha_2^t R^*$，可得

$$\frac{\mathrm{d}\alpha_2^t}{\mathrm{d}t} = (W^* - W)\frac{\mathrm{d}R^*}{\mathrm{d}t}$$

已知 $W > W^*$，$\frac{\mathrm{d}R^*}{\mathrm{d}t} < 0$，可得 $\frac{\mathrm{d}\alpha_2^t}{\mathrm{d}t} > 0$。

由此，可见增加进口关税扩大了两国非贸易产品的范围。因此，降低关税就可以减少两国非贸易产品的范围，增加贸易产品的范围，即促进产业内贸易。

（二）Fukao 模型

Fukao 等（2003）探讨了发生在跨国公司内部的垂直型产业内贸易现象，认为在 FDI 成本和贸易成本都很低的情况下，会发生垂直型产业内贸易。

假设有两个国家，本国 h 和外国 f，有两种生产要素，即劳动力 L 和资本 K。一系列产品 $[n, n+1]$ 在制造业行业生产。每一个产品，有连续的质量范围 $[0,1]$。假设质量差异不足以影响产品的类别，即有质量差异的产品仍旧属于贸易统计中的同一类产品。假设每一个商品服从 Leontief（固定投入比例）生产函数，两国之间没有技术差异。(n, q) 表示一个质量为 q 的 n 产品，其生产函数为

$$y_{n,q} = \min\left[\frac{1+k_{n,q}}{k_{n,q}}K_{n,q}, (1+k_{n,q})L_{n,q}\right] \tag{3.3}$$

其中，$K_{n,q}$ 和 $L_{n,q}$ 分别代表资本和劳动投入；$k_{n,q}$ 代表这个产品的资本劳动比率。假定符合以下函数：$k_{n,q} = an + b(q - 0.5)$，参数 a 和 b 是连续正数。当 n 趋向 $\underline{n}+1$，q 趋向 1，这个产品特征就会变得明显。

假设两国的要素禀赋不同,要素价格均衡机制有限,两国贸易均衡中仍然存在要素价格差距。假设本国资本要素丰富,资本价格低于劳动价格,则两国的要素价格满足:外国资本价格大于本国资本价格,本国劳动力价格大于本国资本价格,即:$w_f < w_h < r_h < r_f$ 其中,r 和 w 分别代表资本租金价格和劳动工资率,则一国 i 生产产品 (n,q) 的边际生产成本为

$$\text{MC}_{n,q}^i = \frac{k_{n,q} r_i}{1+k_{n,q}} + \frac{w_i}{1+k_{n,q}} = w_i + \frac{k_{n,q}}{1+k_{n,q}}(r_i - w_i) \tag{3.4}$$

假设本国 h 是资本富裕国家,则其资本密集型产品的边际生产成本要低于外国 f。上式中,对于某种质量为 q 的 n 商品,当 $\text{MC}^h = \text{MC}^f$,则有

$$w_h + \frac{k^*}{1+k^*}(r_h - w_h) = w_f + \frac{k^*}{1+k^*}(r_f - w_f)$$

可以得出资本劳动比率的临界值 k^*,即

$$k^* = \frac{w_h - w_f}{r_f - r_h}$$

当 $k_{n,q} < k^*$,则 $\text{MC}^h > \text{MC}^f$,即外国的边际生产成本要低于本国。

根据公式 $k_{n,q} = an + b(q-0.5)$ 和临界值 $k^* = an + b(q-0.5)$,可得

$$n = \frac{k^* + 0.5b - qb}{a}$$

当 $q=1$,有

$$n = \frac{k^* - 0.5b}{a}$$

当 $q=0$,则有

$$n = \frac{k^* + 0.5b}{a}$$

显然,$\frac{k^* - 0.5b}{a} < \frac{k^* + 0.5b}{a}$,而 $n \in [\underline{n}, \underline{n}+1]$,因此可以将 $[\underline{n}, \underline{n}+1]$ 种类的产品分为 $[(k^* + 0.5b)/a, \underline{n}+1]$、$[(k^* - 0.5b)/a, (k^* + 0.5b)/a]$ 和 $[\underline{n}, (k^* - 0.5b)/a]$,分别对应资本劳动投入比为高、中、低三种系列的产品。h 国对所有质量 $[0,1]$ 的资本密集型产品 $[(k^* + 0.5b)/a, \underline{n}+1]$ 有更低的生产成本,而 f 国对所有质量 $[0,1]$ 的劳动密集型产品 $[\underline{n}, (k^* - 0.5b)/a]$ 有更低的生产成本。而对于中间系列产品 $[(k^* - 0.5b)/a, (k^* + 0.5b)/a]$(属于同一产业),$h$ 国对高质量的产品(资本劳动比大于 k^*)有更低的生产成本,f 国对低质

量产品(资本劳动比小于 k^*)有更低的生产成本。

每个产品由多个垄断竞争企业生产。假设每个企业需要进行固定数量的研发活动,以获得每种产品的生产技术。为了简化分析,假设两国的固定生产成本 R 是相同的。产品 n 的生产技术适用于任何质量 q 的产品。即一个企业一旦获得生产技术,就可以生产任何质量的产品 n 。

假设 $[0, j(n)]$ 代表生产产品 n 的企业集群。假定不同产品 n 间的替代弹性是 1。对于每种产品,不同质量和不同企业生产的替代弹性是 $1/(1-\sigma)$,假定 $0 < \sigma < 1$ 。此处先假定贸易成本为 0,则企业 j 的产品 (n, q) 的世界需求为

$$\left(\frac{p_{n,q,j}}{P_n}\right)^{-\frac{1}{1-\sigma}}\frac{E}{P_n j(n)} \tag{3.5}$$

其中,E 代表世界对产品 n 的总真实消费,E 连续且对所有 n 和 q 相同。世界市场价格 P_n 由右式决定:$P_n = \left(\frac{1}{j(n)}\int_0^1\int_0^{j(n)} p_{n,q,j}^{-\frac{\sigma}{1-\sigma}} d_j d_q\right)^{-\frac{1-\sigma}{\sigma}}$ 。

假设市场进入自由,产品 n 的供应企业数量 $j(n)$ 由利润是否大于零决定。定义跨国公司为在两国开展制造活动的公司。根据 Horstmann 等(1992)的研究,企业成为跨国公司要产生固定成本 (M) 。假设在发达国家 (h) 成为跨国公司比在发展中国家 (f) 更容易,即 $M_h < M_f$,因此所有跨国公司都是 h 国企业。

当贸易成本忽略不计,且 FDI 的成本 (M_h) 也很小,如果 h 国企业分别在 h 国和 f 国生产高质量和低质量的中间系列产品 $[(k^*-0.5b)/a, (k^*+0.5b)/a]$,即内部国际分工的收益大于外国直接投资的固定资本时,则会选择成为跨国公司。h 国跨国公司的利润函数为

$$\pi_n^M = \frac{1-\sigma}{\sigma}\frac{E}{P_n j(n)}(\sigma P_n)^{\frac{1}{1-\sigma}}\Big[\int_0^{0.5+\frac{k^*-an}{b}}\left(w_f + \frac{k_{n,q}}{1+k_{n,q}}(r_f - w_f)\right)^{-\frac{\sigma}{1-\sigma}}\mathrm{d}q$$

$$+\int_{0.5+\frac{k^*-an}{b}}^0\left(w_h + \frac{k_{n,q}}{1+k_{n,q}}(r_h - w_h)\right)^{-\frac{\sigma}{1-\sigma}}\mathrm{d}q\Big] - M_h - R \tag{3.6}$$

企业数量 $j(n)$ 由零利润公式决定,即 $\pi_n^M = 0$ 。

在这个模型中,所有质量 $[0, 1]$ 的资本密集型产品 $[(k^*+0.5b)/a, n+1]$ 由 h 国企业生产,所有劳动密集型产品 $[\underline{n}, (k^*-0.5b)/a]$ 由 f 国企业生产,这部分产品的贸易属于产业间贸易。而 $[(k^*-0.5b)/a, (k^*+0.5b)/a]$ 之间的产品的贸易则属于垂直型产业内贸易。

如果国家 h 与国家 f 进行贸易的成本非常高,那么国家 h 就会选择在国家

f 本地生产来替代贸易,即出现水平型 FDI,此时垂直型产业内贸易额就很小。如果 FDI 的成本 M_h 很大,那么垂直型产业内贸易占总贸易份额将取决于两国之间的要素价格差距。如果要素价格差距很小,那么企业通过 FDI 参与国际分工的动机就会很有限,垂直型产业内贸易的产品将变少。如果 FDI 的成本 M_h 很高,则不会有跨国公司产生,也就没有垂直型产业内贸易。

二、RTA 影响产业内贸易的作用机制

当 RTA 签订实施,成员之间将努力减少彼此之间的贸易限制,包括减免工业品、农产品关税,推行贸易便利化,非关税壁垒(NTB)也逐渐减少,深度 FTA 的领域更涉及放宽资本流动限制。根据以上理论模型,可以推断 RTA 的实施可以促进产业内贸易。

(一)降低贸易成本

RTA 签订实施后,通过减免关税,推行贸易便利化,使得成员国贸易交易成本显著下降。货物贸易关税减免是 RTA 最基本的条款,其成员各自协商关税减免涉及的货物范围、降税执行的年限。

此处以中国签署的 RTA 为例来考察货物贸易的减免关税情况。中国—智利 FTA,两国占税目总数 97% 的产品的关税在 10 年内分阶段降为零。中国—巴基斯坦 FTA,双方分两阶段对全部货物产品实施关税减让。中国—新加坡 FTA,新加坡取消全部自华进口产品关税,中国对 97.1% 的自新进口产品实施零关税。中国—秘鲁 FTA,中秘双方将对各自 90% 以上的产品分阶段实施零关税。中国—哥斯达黎加 FTA,中哥双方对各自 90% 以上的产品分阶段实施零关税。中国—冰岛 FTA,冰岛对从中国进口的所有工业品和水产品实施零关税,这些产品占中国向冰岛出口总额的 99.77%,中国对从冰岛进口的 7830 个税号产品实施零关税,这些产品占中方自冰进口总额的 81.56%。中国—瑞士 FTA,瑞方对中方 99.7% 的出口实施零关税,中方将对瑞方 84.2% 的出口最终实施零关税。中国—韩国 FTA,双方货物贸易自由化比例均超过税目 90%、贸易额 85%。中国—澳大利亚 FTA,澳大利亚对中国所有产品均实施完全降税,中国 96.8% 的税目将实现自由化。中国—格鲁吉亚 FTA,格对中国 96.5% 的产品立即实施零关税,覆盖格自中国进口总额的 99.6%;中国对格 93.9% 的产品实施零关税,覆盖中国自格进口总额的 93.8%。中国—马尔

代夫 FTA,双方同意最终实施零关税的产品税目数和进口额占比均接近 96%。中国—毛里求斯 FTA,双方最终实施零关税的产品税目比例分别达到 96.3% 和 94.2%,占自对方进口总额的比例均为 92.8%。

本书还统计了中国—新西兰 FTA 新西兰方"关税减让表"中的 7000 余种商品,并将其分为"基础税率为零""实施后立即降至零关税""关税分期限降至零"。经计算后发现,5.5% 的商品关税在 FTA 实施当年就降至零,36.9% 的商品关税在 FTA 实施后 5 年内降至零,即中国—新西兰 FTA 实施将对超过 42% 的商品减免关税。从表 3-1 可见在中国—新西兰 FTA 实施前一年,中国出口新西兰前十章产品在 FTA 实施后的减税产品种类数。2007 年,中国出口新西兰的前十大商品章目,在 FTA 实施 5 年内降税为零产品种类达到 65%,加上原本基础税率为零的产品,FTA 实施后几乎全部降为零关税。

表 3-1　2007 年中国出口新西兰前十大商品章减税产品数量

降税形式	85	84	61	62	94	73	39	63	64	95
实施后立即为零	27	36	0	3	1	10	34	8	0	0
分期降为零	192	390	151	128	56	125	202	52	53	26

注:笔者根据 UNComtrade 贸易数据以及中国—新西兰 FTA 新方"关税减让表"统计计算所得。

当关税降低,会有更多的企业加入出口行列,可贸易产品的差异化程度上升。即两个经济体形成 RTA 后,进行贸易的产品种类会增加。同时,贸易成本下降,更有利于各国发挥比较优势,扩大生产,实现内部规模经济。产业内从事出口的企业增多,信息搜集等相关成本会进一步下降,也进一步促进外部规模经济。在消费者需求偏好多样化的前提下,规模经济和产品差异化程度增加将促进水平型产业内贸易产生。

Fontagné 等(1997b)的实证分析也认为成立 EC 后非关税壁垒的减少使得成员国在比较优势产业方面更加专业化。同时,产业内从事出口的企业增多,信息搜集等相关成本会进一步下降,也进一步促进外部规模经济。因此,FTA 实施,直接贸易成本和间接贸易成本下降,将进一步促进资源再分配和专业化分工,增强市场的竞争性。

(二)促进外贸直接投资

RTA 签订实施,不仅直接降低贸易成本,深度 FTA 的领域更涉及放宽资本流动限制,降低 FDI 成本,促进外商直接投资。这两项条件满足了垂直型产业内贸易的促生需求。除此以外,深度 FTA 还涉及各领域的技术合作、技术交流,有利于技术落后的成员国产业获取技术领先成员国的高端技术,一定程度上提升成员国与非成员国基于技术水平差异的垂直型产业内贸易水平。

此处仍以中国—新西兰 FTA 的投资条款为例,协议规定了各方在管理、经营、运营、维护、使用、收益或处置方面,应当给予另一方投资者的投资及与该投资相关的活动,不低于其在同等条件下给予其本国投资者和任何第三国投资者的投资及相关活动的待遇,即成员国可以获得投资的国民待遇和最惠国待遇。除非发生严重国际收支平衡问题,各方应当允许另一方投资者自由转移与投资相关的所有支付。

基于以上论述,自由贸易协定影响产业内贸易的作用机制可用图 3-1 来概括。

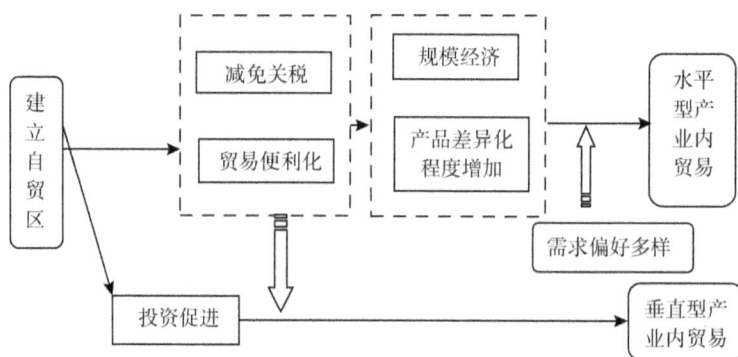

图 3-1 自由贸易协定促进产业内贸易机制

第二节 区域贸易协定影响贸易边际的理论机制分析

在 Krugman(1980)模型中,消费者偏好存在多样性,尽管存在贸易壁垒,对称国家依然会就差异化产品展开贸易。所有企业都是对称的,运输成本都是可变成本。每个企业出口到世界各国。σ 是不同产品的替代弹性。国家 A 到国家 B 的出口可以由如下公式表示。

$$\text{Exports}_{AB} = \text{Constant} \times \frac{\text{GDP}_A \times \text{GDP}_B}{(\text{Tradebarrier}_{AB})^{\sigma}} \qquad (3.7)$$

贸易壁垒降低,会提高贸易流量。当替代弹性高时,贸易壁垒对贸易流量的影响很大。

Melitz(2003)提出具有异质性企业生产率的行业均衡模型以及基于多样性偏好和增加规模回报的贸易模型,发现企业的最终战略选择由企业异质性(即劳动生产率)以及进入外国市场的固定成本这两个变量组成的函数所决定。Melitz(2003)模型成为国际贸易中分析一系列问题的关键基准框架,可以嵌入传统贸易理论的综合均衡框架中。

Chaney(2008)引入 Melitz(2003)的异质性企业生产率和出口固定成本,对Krugman(1980)模型进行扩展。将贸易流量分解为扩展边际的增长和集约边际的增长。当商品替代弹性不同时,贸易壁垒对集约边际和扩展边际影响存在差异性。当商品差异明显(替代性低)时,每个产品的需求量(集约边际)对贸易成本的变化不敏感。即当商品替代性高,集约边际对贸易壁垒的敏感度更高。而商品替代性与扩展边际的相互作用更复杂一些。当商品替代性低,每家公司能够获得的市场份额对生产率的差异相对不敏感。因为尽管生产效率较低的公司产品比其他公司价格更高,但由于商品差异化大,他们的产品仍然能够获得相对较大的市场份额。当贸易成本下降,低生产率企业可以进入出口行业。由于商品差异明显(替代性低),这些新进入的低生产率企业还是会有很大的市场。因此,贸易壁垒降低能较好地促进扩展边际的提高。Chaney(2008)也证实了在生产率帕累托分布下,商品替代弹性对扩展边际的影响起主导作用。

一、理论模型

(一)基本模型

如 Kancs(2007)和 Chaney(2008)描述的局部均衡模型,假设世界有 N 个国家,且劳动是唯一的生产要素,国家 r 的总劳动力为 L_r。所有国家的生产技术相同,且存在两个部门:传统部门和制造部门。传统部门在完全竞争、规模报酬不变和单位劳动投入的条件下生产同质的传统产品并可以零贸易成本自由贸易。制造部门每个企业生产率不同,生产连续性的差异化产品,每个企业在自己生产的产品种类上都是垄断者。生产出的产品由工人消费,且工人是唯一的消费者。所有消费者对传统产品和制造品具有相同的 CES 偏好。一个消费者消费 x_0 单位的同质产品、x_m 单位的制造品 m，共有 N 种差异化制造品，实现总效用 U，则有

$$U = x_0^{\alpha_0} \left(\int_0^N (x_m(\omega))^{\frac{\sigma-1}{\sigma}} \mathrm{d}x(\omega) \right)^{\frac{\sigma}{\sigma-1}\alpha_x} \tag{3.8}$$

其中，ω 是差异化产品标志；σ 是制造品的替代弹性，且 $\sigma > 1$；α 是消费者需求参数，α_0 和 α_x 分别是同质产品和差异化产品的消费支出比重，$\alpha_0 + \sum_0^N \alpha_x = 1$。

i 国的异质性企业要在 j 国市场销售制造品 m，需面对两方面的成本：一方面，i 国的产品运到 j 国销售，面临冰山贸易成本 τ_{ij}，这是可变贸易成本；另一方面，i 国的异质性企业为了进入 j 国市场，须支付固定成本 f_{ij}，包括在外国市场建立分销渠道、履行行政手续及政府规制等。因此，一个生产率为 φ 的企业在目的国 j 销售 q_{ij} 的成本 c，应为（假设 $\tau_{ij} \geqslant 1$）

$$c(q_{ij}) = \frac{w_i q_{ij} \tau_{ij}}{\varphi} + w_j f_{ij} \tag{3.9}$$

帕累托分布对 Melitz 模型有重要意义。假设企业生产率符合参数 γ 的帕累托分布函数 $G(\varphi) = 1 - \varphi^{-\gamma}$，$\mathrm{d}F(\varphi) = \gamma \varphi^{-\gamma-1} \mathrm{d}\varphi$，$\varphi \geqslant 1$。参数 γ 与制造业企业的异质性负相关，即 γ 越小，企业之间的异质性越大。也就是说，更多的产出集中于少数规模更大、生产率更高的企业。

生产差异性产品的企业在垄断竞争框架中，通常是价格制定者。假设需求函数是等弹性的，i 国生产率为 φ 的企业出口到 j 国进行销售的最优价格是单位成本上的加成，即

$$p_{ij}(\varphi) = \frac{\sigma}{\sigma-1} \frac{\tau_{ij}}{\varphi} \tag{3.10}$$

根据 Meitz(2003)，每家企业需要对在哪里销售产品以及每个市场的定价做决策。消费者需要对既定价格下每一种产品的消费量做决策。考虑企业的最优定价条件和消费者的最优需求条件，企业从出口国 i 运往目的地 j 的出口量 e_{ij} 为

$$e_{ij}(\varphi) = p_{ij}(\varphi) x_{ij}(\varphi) = \alpha L_j \left(\frac{p_{ij}(\varphi)}{P_j} \right)^{1-\sigma} \tag{3.11}$$

其中，φ 是异质性企业的生产率；P_j 是目的国 j 各种差异化制造品的价格指数；p_{ij} 是出口国 i 生产的制造品在目的地 j 的销售价格；σ 为制造品之间的替代弹

性；α 为消费支出参数。

因此，i 国企业出口到 j 国的利润函数为

$$\pi_{ij}(\varphi) = p_{ij}(\varphi)q_{ij}(\varphi) - c_{ij}(\varphi)q_{ij}(\varphi)$$

$$= \frac{\alpha}{\sigma}Y_j \left[\frac{\sigma}{\sigma-1} \frac{(w_i\tau_{ij}/\varphi)}{P_j} \right]^{1-\sigma} - f_{ij} \tag{3.12}$$

只要利润 π_{ij} 大于 0，i 国的企业会选择去 j 国销售。利润 π_{ij} 为 0，是企业选择出口与不出口的分界线，即"阈值"$\overline{\varphi}_{ij}$。

$$\overline{\varphi}_{ij} = \lambda_1 \left(\frac{f_{ij}}{Y_j} \right)^{1/(\sigma-1)} \frac{w_i\tau_{ij}}{P_j} \tag{3.13}$$

其中，λ_1 为常数。

根据 Melitz(2003)，k 国 h 制造品部门只有生产率高于"阈值"$\overline{\varphi}_{kj}^h$ 的企业才会出口到 j 国，Chaney(2008)将 j 国 h 制造品的价格指数定为

$$P_j^h = \left(\sum_{k=1}^{N} w_k L_k \int_{\overline{\varphi}_{kj}^h}^{\infty} \left(\frac{\sigma_h}{\sigma_h - 1} \frac{w_k\tau_{kj}^h}{\varphi} \right)^{1-\sigma_h} dG_h(\varphi) \right)^{1/(1-\sigma_h)} \tag{3.14}$$

因为工资是外生变量，且潜在进入的企业也是外生的，则 j 国的特征决定了出口到 j 国的企业的集合。将生产率门槛式代入价格指数式，均衡价格指数为

$$P_j = \lambda_2 \times Y_j^{1/\gamma - 1/(\sigma-1)} \times \theta_j \tag{3.15}$$

其中，λ_2 是常数；Y 是世界产出；$\theta_j^{-\gamma} = \sum_{k=1}^{N} (Y_k/Y) \times (w_k\tau_{kj})^{-\gamma} \times f_{kj}^{-[\gamma/(\sigma-1)-1]}$。

Chaney(2008)推导了出口、劳动生产率和利润率的一般均衡。单个企业的出口取决于其生产率、克服贸易壁垒、目的国的总需求变化、一系列同行业的竞争企业，以及垄断竞争企业自身根据利润水平设定的最优价格。把一般价格指数方程代入需求方程，然后再代入生产率门槛式，可得到

$$\begin{cases} e_{ij}(\varphi_{ij} \geqslant \overline{\varphi}_{ij}) = \lambda_3 \times \left(\frac{Y_j}{Y} \right)^{(\sigma-1)/\gamma} \times \left(\frac{\theta_j}{w_i\tau_{ij}} \right)^{\sigma-1} \times \varphi^{\sigma-1} \\ \overline{\varphi}_{ij} = \lambda_4 \left(\frac{Y}{Y_j} \right)^{1/\gamma} \times \left(\frac{w_i\tau_{ij}}{\theta_j} \right) \times f_{ij}^{1/(\sigma-1)} \end{cases}$$

式中，λ_3、λ_4 均为常数。根据均衡函数，均衡点是由目的国规模 L_j、工资率 w_i、固定贸易成本 f_{ij}、可变贸易成本 τ_{ij}，以及衡量 j 国与世界偏远度的 θ_j 决定的。

因为一国的总出口量是单个企业出口的加总，因此 i 国出口 j 国的总出口量为

$$E_{ij} = w_i L_i \int_{\varphi_{ij}}^{\infty} e_{ij}(\varphi) \mathrm{d}F(\varphi) \tag{3.16}$$

根据前面单个企业的均衡方程，结合生产率分布的符合帕累托分布假设，Chaney(2008)进一步推导得到 i 国到 j 国的总贸易流量为

$$E_{ij} = w_i L_i \int_{\varphi_{ij}}^{\infty} \lambda_3 \times \left(\frac{Y_j}{Y}\right)^{(\sigma-1)/\gamma} \times \left(\frac{\theta_j}{w_i \tau_{ij}}\right)^{\sigma-1} \times \varphi^{\sigma-1} \times \frac{\varphi^{-\gamma-1}}{\gamma} d\varphi \tag{3.17}$$

且有

$$\overline{\varphi}_{ij} = \lambda_4 \times \left(\frac{Y}{Y_j}\right)^{1/\gamma} \times \left(\frac{w_i \tau_{ij}}{\theta_j}\right) \times f_{ij}^{(1/(\sigma-1))}$$

上两式进一步整理求积分得出

$$E_{ij} = \lambda \times \frac{w_i L_i \times Y_j}{Y} \times \left(\frac{w_i \tau_{ij}}{\theta_j}\right)^{-\gamma} \times (f_{ij})^{-(\gamma/(\sigma-1)-1)}$$

而一国 GDP 与劳动收入成正比关系。

$$Y_i = (1 + \lambda_5) w_i L_i$$

因此，Chaney(2008)最后得到 i 国出口到 j 国的总贸易流量为

$$E_{ij} = \left(\frac{\lambda}{1+\lambda_5}\right) \times \frac{Y_i \times Y_j}{Y} \times \left(\frac{w_i \tau_{ij}}{\theta_j}\right)^{-\gamma} \times (f_{ij})^{-(\gamma/(\sigma-1)-1)} \tag{3.18}$$

(二)出口贸易边际的分解

根据 Hummels 等(2005)的定义，总出口量可以分解为扩展的贸易边际和集约的贸易边际，出口商的数量称为扩展的贸易边际，出口商的规模称为集约的贸易边际。因此，从出口国 i 出口到目的国 j 的总出口量 E_{ij} 可以用出口商数量 X_{ij} 乘以出口商平均出口量 $e_{ij}(\varphi > \overline{\varphi})$ 的积表示，即

$$E_{ij} = e_{ij} \times X_{ij} \tag{3.19}$$

Kancs(2007)将出口国 i 至目的地国 j 的出口企业数量 X_{ij} 定义为

$$X_{ij} = w_i L_i P_j(\varphi > \overline{\varphi})$$

$$= \lambda_e \frac{Y_i \times Y_j}{Y} \times \left(\frac{\tau_{ij}}{\theta_j}\right)^{-\gamma} \times f_{ij}^{-\frac{\gamma}{\sigma-1}} \tag{3.20}$$

将企业出口规模方程和出口企业数量方程式分别代入 $E_{ij} = e_{ij} \times X_{ij}$，可得

$$E_{ij} = \left[\lambda_e^{\frac{\sigma-1}{\gamma}} \sigma \varphi^{\sigma-1} \left(\frac{Y_j}{Y}\right)^{\frac{\sigma-1}{\gamma}} \left(\frac{\tau_{ij}}{\theta_d}\right)^{1-\sigma}\right] \times \left[\lambda_e \left(\frac{Y_i \times Y_j}{Y}\right) \left(\frac{\tau_{ij}}{\theta_d}\right)^{-\gamma} f_{ij}^{-\frac{\gamma}{\sigma-1}}\right]$$

等号右边式子的第一项为贸易集约边际,右边式子的第二项为贸易扩展边际,双边贸易总流量表示为集约边际和扩展边际的乘积。

Anderson 等(2004)提出可变贸易成本可表示为

$$\tau = t + fr \tag{3.21}$$

其中,$t>1$,为整体关税率;$fr>1$,为运费率。

Baier 等(2017 等)认为固定成本 f_{ij} 包括外生固定成本和内生固定成本。其中,外生固定成本包括天然的固定成本 A_{ij}^N(例如与地理距离或者文化差异有关的成本)以及和目的国市场的贸易政策相关的固定成本 A_{ij}^P。Krautheim(2012)首次提出内生性出口固定成本,即 i 国到 j 国销售 1 件产品的固定成本与在 j 国从事同样销售活动的 i 国企业数量负相关,企业越多,信息交流越多,相关成本越低,用 $M_{ij}^{-\eta}$ 表示,并假定 $0<\eta<1$。根据企业生产率服从帕累托分布,Baier 等(2017)推导证明了 $M_{ij}=\alpha_i L_i (\overline{\varphi_{ij}})^{-\gamma}$,即企业数量与企业出口的生产率"阈值"有关,当"阈值"低时,出口企业的数量越多。

因此,将以上贸易成本的细分代入双边贸易总流量的方程式,可得

$$E_{ij} = \underbrace{\left[\lambda_e^{\frac{\sigma-1}{\gamma}} \sigma \varphi^{\sigma-1} \left(\frac{Y_j}{Y}\right)^{\frac{\sigma-1}{\gamma}} \left(\frac{(t_{ij}+fr)}{\theta_d}\right)^{1-\sigma}\right]}_{\text{集约边际}} \times$$

$$\underbrace{\left[\lambda_e \left(\frac{Y_i \times Y_j}{Y}\right) \left(\frac{(t_{ij}+fr)}{\theta_d}\right)^{-\gamma} (A_{ij}^N + A_{ij}^P + \alpha_i^{-\eta} L_i^{-\eta} (\overline{\varphi_{ij}})^{\eta})^{-\frac{\gamma}{\sigma-1}}\right]}_{\text{扩展边际}} \tag{3.22}$$

双边贸易量的大小受两国的经济规模、贸易成本和目的国偏远指数的影响。其中,贸易集约边际(方程右边第一项)受可变贸易成本和目的国经济规模的影响。贸易扩展边际(右边方程第二项)受可变贸易成本和固定贸易成本、出口国和目的国经济规模的影响。

二、RTA 影响贸易出口边际的作用机制

根据异质性贸易理论,贸易成本与利润的关系决定了企业是否出口以及出口数量的多少。企业面对的贸易成本包括可变贸易成本和固定贸易成本,前者包括关税成本和运输成本,后者包括外生固定贸易成本和内生固定贸易成本。区域贸易协定的签订,不仅直接降低了进口关税,也提供了较为宽松的经贸环境,降低了贸易的政策性固定成本。

（一）集约边际

贸易出口的集约边际表示为出口商的规模,在每个出口企业生产一种差异化产品的假设下,集约边际即为某个差异化产品的出口规模。从前文阐述的两国双边贸易流量的方程可以看到,决定出口集约边际的表达式中,由于产品替代性 $\sigma > 1$,集约边际与可变贸易成本 $(t_{ij} + fr)$ 相关。可变贸易成本中,运费 fr 不受影响,假设外生不变,关税水平 t_{ij} 受两国贸易政策影响。在前面一节的内容中,笔者已经对 RTA 的减免关税情况进行了分析,此处不再赘述。当两国签订 RTA,进口整体关税水平 t_{ij} 将大大降低,可变贸易成本显著下降,将会促进集约边际的提高。

（二）扩展边际

贸易出口的扩展边际表示为出口企业的数量,在每个出口企业生产一种差异化产品的假设下,扩展边际即为出口差异化产品的种类数量。从前文阐述的两国双边贸易流量的方程可以看到,决定出口扩展边际的表达式中,由于企业生产率的帕累托分布参数 $\gamma > 0$ 且产品替代性 $\sigma > 1$,扩展边际与可变贸易成本 $(t_{ij} + fr)$ 负相关,且扩展边际与固定贸易成本 $(A_{ij}^N + A_{ij}^P + \alpha_i L_i (\bar{\varphi}_{ij})^{-\gamma})$ 负相关。固定贸易成本中,与自然因素或文化差异相关的固定成本 A_{ij}^N 为不变的常量,政策性固定成本 A_{ij}^P 受两国贸易政策影响,内生性固定贸易成本 $\alpha_i^{-\eta} L_i^{-\eta} (\bar{\varphi}_{ij})^{\eta}$ 与出口企业的生产率"阈值"有关。

两国签订 RTA 后,除了关税减免外,两国的经贸政策环境也更为宽松,政策性固定贸易成本 A_{ij}^P 下降。在一系列 RTA 条款中,除了"关税减让"以外,协议会在以下程序上促进贸易便利化,此处列举中国—新西兰 FTA 的部分条款:

海关程序与合作方面,简化和协调双方的海关程序,确保双方海关法及行政程序实施的可预见性、一致性和透明度,确保货物和运输工具的高效快捷通关,便利双边贸易等。

技术贸易壁垒方面,加强双方规章制定部门和负责货物标准、技术法规及合格评定程序的标准、符合性机构之间的合作,以及消除对双边货物贸易不必要的技术性壁垒。

知识产权方面,双方同意根据其各自的法律、法规、规章、指令及政策开展合作,以期提高在制定知识产权政策、消除侵犯知识产权的货物贸易行为方面的能力。

经济合作方面,就促进及扩大双边贸易投资的方式进行政策对话和定期的信息及意见交流,相互通报重要经济贸易问题,以及任何妨碍双方推进经济合作的障碍,通过相关部门提供信息和支持,以协助和便利一方商人和贸易团体访问对方国家等。

近期的一些文献也论证了 RTA 签订实施后,会降低贸易政策不确定性,使得企业对两国将来的贸易合作产生积极的展望,提高企业选择出口的动机,从而促进出口扩展边际的增长。

另外,由于关税减免,企业出口的生产率"阈值"$\overline{\varphi}_{ij}$ 会降低,由于 $\gamma, \eta > 0$,内生性固定贸易成本 $\alpha_i^{-\eta} L_i^{-\eta} (\overline{\varphi}_{ij})^\eta$ 也会下降。因此,总体固定贸易成本下降,促进扩展边际提高。再考虑固定贸易成本 A_{ij}^P,当初始政策性固定贸易成本 A_{ij}^P 较高时,RTA 实施会带来较大幅度的 A_{ij}^P 下降。如果初始关税水平较高,关税减免会带来较大幅度的内生性固定贸易成本 $\alpha_i^{-\eta} L_i^{-\eta} (\overline{\varphi}_{ij})^\eta$ 下降。因此,如果两国初始关税水平和初始政策性固定贸易成本均较高,RTA 实施带来的总体固定贸易成本下降幅度是最大的,即对扩展边际的积极影响最大;相反,如果两国初始关税水平和初始政策性固定贸易成本较低,则 RTA 实施带来的总体固定贸易成本下降幅度是最小的,即对扩展边际的影响最小。

第三节　本章小结

本章从贸易结构和贸易边际视角阐述了区域贸易协定促进双边贸易增长的理论机制。区域贸易协定的签订实施,会给区域内成员带来以下影响:货物贸易减免关税,减少贸易限制,降低非贸易壁垒,推行贸易便利化;经贸政策环境更为宽松,在各经济领域推行合作;促进外商直接投资,放宽资本流动限制;将优惠政策和合作方案在协议中详细规定,降低经贸政策不确定性。

根据 Falvey(1981)、Fukao 等(2003)模型的推论和预测,RTA 减免关税,将增加贸易产品的种类,促进规模经济的产生,在需求偏好追求差异的情况下,将促进水平产业内贸易的产生;RTA 促进外商直接投资,放宽资本流动限制;以及推行各领域的技术合作、技术交流,有利于垂直型产业内贸易的产生发展。

根据 Chaney(2008)、Kancs(2007)、Baier(2017a)等模型的推导,RTA 推行的各项措施使得两国企业贸易可变成本和固定成本下降,企业出口的生产率门槛下降,更多的企业加入出口行业,企业的出口量增加,从而对贸易出口扩展边际和集约边际起到拉动作用。

第四章　中国区域贸易协定的现状及贸易效应的现实分析

1995年以来，内容规则比 WTO 更深入更广泛的区域贸易协定雨后春笋般地涌现，发展中国家和新兴工业化国家在区域贸易协定中的作用越来越重要。区域贸易协定数量猛增，令世界经济进入诸多区域、多边的贸易体制并存的状态。上一章阐述了 RTA 促进贸易增长的理论机制。在进一步实证论证中国 RTA 的贸易效应之前，笔者将在全球 RTA 发展概况的基础上，全面深入分析中国 RTA 建设的现状和中国 RTA 的条款内容和深度，并对中国 RTA 的贸易效应从贸易规模层面进行分析。

第一节　全球区域贸易协定的发展概况

一、全球区域贸易协定发展现状

半个多世纪以来，区域贸易协定在全球范围内不仅经历了数量上的急增，合作形式和层次也由低级向高级发展，规则涉及的内容更加丰富广泛，参与的国家覆盖面也越来越大。

（一）全球区域贸易协定的发展概况

1958年，世界上第一个关税同盟——欧共体（EC）成立。之后半个多世纪，区域贸易协定在世界范围内迅速发展。20世纪90年代以来，每年新实施的 RTA 数量出现大幅度增加，特别是2000年以来实施的自贸区数目超过了20世纪实施的 RTA 数目之和。根据联合国 RTA 和 PTA 数据库，截至2018年底，全球已实施的 RTA 有300个，其中 FTA253个，CU17个，PSA 有28个，只涉及服务贸易的 EIA2个。

每 10 年数据的比较分析能更清晰地看出 RTA 的发展情况(详见表 4-1)。最常见的 FTA,20 世纪 90 年代实施的数量就超过了前面 30 年之和。2000—2009 年,FTA 的数量又比 20 世纪 90 年代增长了 2 倍多。2010 年以来,FTA 数量增长相比上一个 10 年有所放缓。CU 等其他 RTA 类型的实施情况与 FTA 类似,但数量增长相对平缓。总体上看,2000—2010 年这 10 年实施的 RTA 数量增长最快。

表 4-1　每 10 年实施的 RTA 数量　　　　　　(单位:个)

RTA 类型	1970 年前	1970—1979 年	1980—1989 年	1990—1999 年	2000—2009 年	2010—2019 年	总计
FTA	1	6	2	38	116	97	260
CU	2	1	1	7	5	1	17
PSA		2	7	4	8	7	28
EIA	—			1		1	2
小计	3	9	10	50	129	106	307

数据来源:根据 WTO 的 RTA 数据库整理得到。

(二)双边 RTA 与多边 RTA 的发展

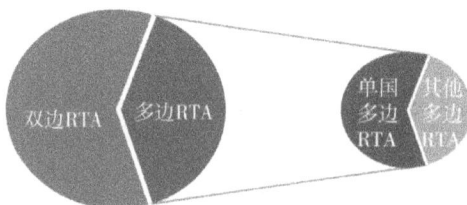

图 4-1　双边 RTA 与多边 RTA 比例

RTA 还可划分为多边 RTA 和双边 RTA 两种类型,前者是指多个国家(大于 2 个)共同签署贸易协议(包括单个国家与某个多边 RTA 签署贸易协议),后者是指单个国家与单个国家签署贸易协议。截至 2019 年底,在 307 个 RTA 中,有 125 个属于多边 RTA,其中 FTA 91 个,CU 17 个,PSA 12 个。单个国家与多边 RTA 签署的多边 RTA 有 77 个。

(三)RTA 覆盖货物贸易及服务贸易情况

根据 WTO 数据,只有欧洲经济区(European Economic Area,EEA)和欧盟—亚美尼亚自贸区(EU-Armenia FTA)是仅覆盖服务贸易的贸易协定。260 个 FTA 中,有 113 个 FTA 仅覆盖货物贸易领域,占 43.5%。17 个 CU 中,有 12 个 CU 仅覆盖货物贸易领域,占 70.6%。

表 4 - 2　FTA 与 CU 覆盖服务贸易比重

	FTA			CU		
	仅货物	货物与服务		仅货物	货物与服务	
		同时	非同时		同时	非同时
数量	113	132	15	12	1	4

数据来源：根据 WTO 的 RTA 数据库整理得到。

同时覆盖货物贸易和服务贸易的 RTA 中，大部分是同时签订协议并实施的，但也有一些不是同时实施的。有一些 RTA 的服务贸易领域，在货物贸易领域开放了较长时间后才开放。CU 中，例如加勒比共同体和共同市场（CAR-ICOM）、东非共同体（EAC）以及南方共同市场（MERCOSUR），它们货物贸易实施的时间分别是 1973 年 8 月、2000 年 7 月和 1991 年 11 月，而服务贸易实施的时间分别是 2002 年 7 月、2010 年 7 月和 2005 年 12 月。FTA 中，例如欧洲自由贸易联盟（EFTA）、EU—波黑 FTA 货物贸易实施的时间分别是 1960 年 3 月、2008 年 7 月，而服务贸易实施的时间分别是 2002 年 6 月、2015 年 6 月。

（四）发达/发展中经济体参与 RTA 的现状

1958 年，第一个 CU——欧共体（EC）成立，成员方有法国、意大利、联邦德国、荷兰、比利时和卢森堡。1960 年，第一个 FTA——欧洲自由贸易联盟（EFTA）成立，成员方有奥地利、丹麦、挪威、葡萄牙、瑞典、瑞士和英国。这两类区域贸易协定的创始成员国都是发达经济体。1961 年，第一个全部由发展中经济体组成的 RTA——中美洲共同市场（CACM）成立，成员方有萨尔瓦多、危地马拉、洪都拉斯、尼加拉瓜。半个多世纪以来，区域贸易协定涉及的经济体越来越广范，除了发达经济体之间的合作，发展中经济体间的合作、发达经济体和发展中经济体间的合作也越来越深入（详见表 4 - 3）。

根据表 4 - 3 可知，RTA 刚出现的几十年里，各协定成员方主要以发达经济体为主。进入 20 世纪 90 年代以来，发展中经济体签订的区域贸易协定飞速增长，远远超过发达经济体。1990—1999 年，发展中经济体间签订的 RTA 是发达经济体间的 17 倍，且发展中经济体与发达经济体间的区域贸易协定显著增加。进入 21 世纪以后，发达经济体和发展中经济体间的贸易合作更是出现量的飞跃，发达—发展中经济体共同签订的 RTA 数首次超过了纯发达经济体或者纯发展中经济体签订的 RTA 数。

表 4-3　发达/发展中经济体参与 RTA 概况①　　　　　（单位：个）

RTA 类型	1970年前	1970—1979年	1980—1989年	1990—1999年	2000—2009年	2010—2019年	总计
纯发达经济体 RTA	0	0	2	2	11	12	27
发达-发展中经济体 RTA	2	8	2	15	58	55	140
纯发展中经济体 RTA	1	1	6	33	60	39	140
总计	3	9	10	50	129	106	307

数据来源：根据 WTO 的 RTA 数据库整理得到。

二、全球 RTA 发展特征与趋势

（一）RTA 与多边贸易自由化（Multilateral Trade Liberalization）共存

1947 年在日内瓦签订的关税及贸易总协定（GATT）是世界上第一个多边国际协定。1995 年，新成立的世界贸易组织（WTO）取代 GATT，正式成为当前最重要的多边体系制度框架。据 WTO 统计，截至 2016 年 7 月底，WTO 的成员从 23 个增至 164 个，成员贸易总额达到全球贸易总额的 98%。而区域主义的发展，半个多世纪以来经历了三个阶段：分别是 20 世纪 50、60 年代，20 世纪 80 年代末 90 年代初和 20 世纪 90 年代后期至今。区域主义和多边主义的争论一直方兴未艾。

笔者对 164 个 WTO 成员参与弄已实施的 RTA 进行了统计，除了个别成员以外，其他成员都签署了一个及以上 RTA。可见，由于各国生产力水平、经济发展程度、经济结构等存在差异，世界经济要达到完全的一体化还需要较长的发展过程。世界各国和地区在追求多边贸易自由化的同时，也在追求区域贸易自由化，通过区域内的贸易投资自由化来促进贸易、投资和经济的增长。《2011 世界贸易报告》指出，区域主义和多边主义并不矛盾，但它们的目的不同，世界经济的增长通过单边、双边、区域和多边的渠道展现在世人面前。

---

① 根据国际货币基金组织（IMF）的划分，发达经济体（advanced economy）共 39 个，分别是澳大利亚、奥地利、比利时、加拿大、塞浦路斯、捷克共和国、丹麦、爱沙尼亚、芬兰、法国、德国、希腊、中国香港地区、冰岛、爱尔兰、以色列、意大利、日本、韩国、拉脱维亚、立陶宛、卢森堡、中国澳门地区、马耳他、荷兰、新西兰、挪威、葡萄牙、波多黎各、圣马力诺、新加坡、斯洛伐克共和国、斯洛文尼亚、西班牙、瑞典、瑞士、中国台湾地区、英国和美国。

（二）RTA合作领域越来越广泛

半个多世纪以来，RTA在全球范围内不仅经历了数量上的急增，合作形式和层次也由低级向高级发展，规则涉及的内容更加丰富广泛。RTA的初衷是减免关税，促进货物贸易的发展，因此20世纪90年代以前的RTA主要集中在关税减让条款上，紧接着服务市场的开放被纳入谈判的范围。21世纪以来，更多的条款涉及监管问题，如技术创新与扩散、知识产权、投资、劳动力等。

各类RTA涵盖条款数量不同，内容表述也有差异，深度有所不同。"浅层"RTA侧重于关税及其他直接影响市场准入的边境措施，而"深层"FTA则超越传统市场准入话题而包含投资、竞争政策、标准协调等新内容（Lawrence，1996）。

Limāo（2016）研究发现，大约79%的RTA包括了技术合作条款——知识产权和技术创新扩散，其中大约43%的RTA涉及后者；大约76%的RTA至少包括一个与投资有关的条款；大约58%的RTA提到了劳动力市场条款，包括非法移民、劳动力市场法规、社会安全合作等。除了经济领域的合作，RTA谈判开始进入非经济政策合作领域。

（三）全球价值链与RTA新趋势

首先，全球价值链的发展，使得同一个商品的不同生产环节分布在不同国家和地区，在完成最终产品或提供服务之前，这些中间环节（中间产品）需要通过多次跨境流动，这与传统国际分工和贸易形式下跨境流动的最终产品内容截然不同。跨境次数越多，成本越高，即便是很低的关税，最终成本也居高不下。因此，全球价值链对RTA的降税水平提出了更高的要求。其次，相对于传统的RTA主要关注市场准入的规则谈判，"边境上"的开放措施难以满足当前全球价值链分工对全球贸易与投资治理的需要，将开放措施向"边境后"延伸，促进国内规制的融合，建立高标准的国际贸易新规则。

美国退出跨太平洋伙伴关系协定（TPP）后，日本等11国签订《全面与进步给太平洋伙伴关系协定》（CPTPP）。虽然CPTPP将22条富有争议的条款搁置，规则相比TPP有所降低，但依然是最高标准的FTA。仅从关税这一条看，已经超过了大多数FTA协议。CPTPP协定生效后的第一年，绝大部分成员国实施零关税的商品比重将达到80%以上，其中6个成员国的零关税将达到90%以上。相比而言，中韩FTA实施1年后，中国实施零关税的商品比重仅为57.02%；即使是货物贸易自由化程度较高的美韩FTA，协定实施1年后，零关税比重也只有 82.83%(东艳等,2016)。服务贸易方面,除了信息安全和关乎国家利益的服务部门,CPTPP 促进更多行业开放,减少例外和限制。CPTPP 一定意义上预示出全球 RTA 的发展趋势和方向。

第二节　中国参与区域贸易协定的概况

在党中央和国务院的部署下,我国积极响应世界区域经济一体化迅猛发展的新形势,稳步推进区域贸易协定建设,并取得了丰富的成果。当前中国参与 RTA 的形式主要以 FTA 为主。

进入 21 世纪以来,中国先签订了《中国—东盟全面经济合作框架协议》(2015 年 11 月 22 日,双方又签署中国—东盟自贸区升级谈判成果文件),并与智利、巴基斯坦、新西兰、新加坡、秘鲁、哥斯达黎加、冰岛、瑞士、韩国、澳大利亚、格鲁吉亚、马尔代夫、毛里求斯、柬埔寨签订自由贸易区协定。中国与智利的协定升级协议书已经于 2019 年 3 月 1 日生效。中国与巴基斯坦第二阶段协议书于 2019 年 12 月 1 日生效。2020 年 11 月,中国正式签署《区域全面经济伙伴关系协议》(RCEP)。此外,中国与海合会、日本、韩国、斯里兰卡、以色列、挪威、摩尔多瓦等组织和国家的谈判也在不同程度地推进。中国与哥伦比亚、斐济、尼泊尔等国的区域贸易协定正在研究中。中国与韩国正在进行自贸协定第二阶段谈判,中国与秘鲁正在进行自贸协定升级谈判。

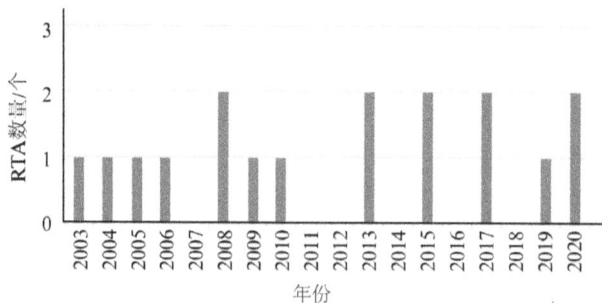

图 4-2　2003—2020 年中国签订 RTA 数量统计

数据来源:根据 WTO 的 RTA 数据库整理得到。

从 2003—2020 年各年份签订 RTA 的数量来看,数量分布较平均,2003 年到 2020 年,有 7 个年份签订 1 个 RTA,5 个年份签订 2 个 RTA,5 个年份没有签订。RTA 签订后,大部分都在 1 年内进入实施阶段,区域内贸易均实现了较快速的增长。

一、中国签署 RTA 的历程

2002 年,中国加入亚太贸易协定,这是中国参与的第一个区域贸易协定,也是中国参与的唯一一个 PSA。2006 年 9 月 1 日,亚太贸易协定各成员国开始实施第三轮谈判结果。中国向其他成员国的 1717 项 8 位税目产品提供优惠关税,平均减让幅度 27%;向最不发达成员国孟加拉国和老挝的 162 项 8 位税目产品提供特别优惠,平均减让幅度 77%。同时,根据 2005 年税则,中国可享受印度 570 项 6 位税目、韩国 1367 项 10 位税目、斯里兰卡 427 项 6 位税目和孟加拉国 209 项 8 位税目产品的优惠关税。

2002 年 11 月,在第六次中国—东盟领导人会议上,我国与东盟 10 国领导人签署中国—东盟全面经济合作框架协议,2004 年 11 月,双方签订货物贸易协议并于 2005 年 1 月实施,对货物贸易项下 7000 多个税目的产品逐步降低和取消关税。2007 年 1 月,双方又签署服务贸易协议并于 2007 年 7 月开始实施,对东盟 10 国的 12 个服务部门和我国 5 个服务部门相互做出进一步开放承诺。2015 年 11 月 22 日,双方签署中国—东盟自贸区升级谈判成果文件——《中华人民共和国与东南亚国家联盟关于修订〈中国—东盟全面经济合作框架协议〉及项下部分协议的议定书》,对原有协定进行完善、补充和提升。

2005 年 11 月,中国与智利政府签署中国—智利自贸区协定,于 2006 年 10 月开始实施。2008 年 4 月,两国进一步签署关于服务贸易的补充协定,于 2010 年 8 月实施,中国的 23 个服务业分部门和智利的 37 个服务业分部门互相进一步开放。该协定是中国与拉美国家签署的第一个自贸区服务贸易协定,也是中智关系史上的一个新的里程碑。

2006 年 11 月,中国与巴基斯坦政府签署中国—巴基斯坦自由贸易协定,于 2007 年 7 月生效。2009 年 2 月,双方进一步签署了服务贸易协定,于 2009 年 10 月生效,巴方将在 11 个主要服务部门的 102 个分部门和中方 6 个主要服务部门的 28 个分部门间互相进一步开放。

2008 年 4 月,中国与新西兰政府签署中国—新西兰自由贸易协定,于 2008

年 10 月开始实施。该协定是我国与其他国家签署的第一个涵盖货物贸易、服务贸易、投资等诸多领域的全面自由贸易协定,也是我国与发达国家达成的第一个自由贸易协定。

2008 年 10 月,中国与新加坡政府签署中国—新加坡自由贸易协定,于 2009 年 1 月实施。该协定涵盖了货物贸易、服务贸易、人员流动、海关程序等诸多领域,还在医疗、教育、会计等服务贸易领域做出了高于 WTO 水准的承诺。

2009 年 4 月,中国与秘鲁政府签署中国—秘鲁自由贸易协定,于 2010 年 3 月实施。除了在货物贸易领域减免关税以外,在服务贸易领域,双方将在各自对 WTO 承诺的基础上,相互进一步开放服务部门。在投资方面,双方将相互给予对方投资者及其投资以准入后国民待遇、最惠国待遇和公平公正待遇,鼓励双边投资并为其提供便利。该协定是我国与拉美国家签署的第一个一揽子自贸协定。

2010 年 4 月,中国与哥斯达黎加政府签署中国—哥斯达黎加自由贸易协定,于 2011 年 8 月实施。该贸协定是中国与中美洲国家签署的第一个一揽子自贸协定。除在货物贸易领域减免关税外,在服务贸易领域,在各自对 WTO 承诺的基础上,哥方有 45 个服务部门进一步对中方开放,中方则有 7 个部门对哥方进一步开放。

2013 年 4 月,中国与冰岛政府签署中国—冰岛自由贸易协定,于 2014 年 7 月实施。该协定是我国与欧洲国家签署的第一个自由贸易协定,涵盖货物贸易、服务贸易、投资等诸多领域。在服务贸易领域,双方还做出了高于 WTO 水准的承诺。

2013 年 7 月,中国与瑞士政府签署中国—瑞士自由贸易协定,于 2014 年 7 月实施。该协定是我国与欧洲大陆国家签署的第一个一揽子自贸协定,也是和全球经济前 20 强国家达成的第一个双边自贸协定。除在货物贸易领域减免关税外,在服务贸易领域,瑞方首次在签证、工作许可和居留许可的受理发放方面同意规定办理时限,同意与中方开展中医药合作对话。该协定包含了"环境问题"章节,这是环境相关内容在中国 RTA 中第一次以独立章节形式出现。

2015 年 6 月,中国与韩国政府签署中国—韩国自由贸易协定,于 2015 年 12 月实施。该协定是东北亚地区第一个自由贸易协定。协定范围涵盖货物贸易、服务贸易、投资和规则共 17 个领域,包含了电子商务、竞争政策、政府采购、环境等"21 世纪经贸议题"。该协定是一个动态的协定,谈判分为两个阶段,目前达成的协定是第一阶段谈判成果。双方商定,在协定生效后两年内,以负面清单模式启动服务贸易的第二阶段谈判,争取实现更高的自由化水平。

2015 年 6 月,中国与澳大利亚政府签署中国—澳大利亚自由贸易协定,于 2015 年 12 月实施。该协定是我国首次与经济总量较大的主要发达经济体谈判达成自贸协定,也是我国与其他国家迄今已商签的贸易投资自由化整体水平最高的自贸协定之一。在货物贸易领域,均采用线性降税这一简单直接的降税方式。在服务贸易领域,澳大利亚是首个对中国以负面清单方式做出服务贸易承诺的国家。

2017 年 5 月,中国与格鲁吉亚签署中国—格鲁吉亚自由贸易协定,是我国在欧亚地区完成的第一个自贸协定谈判。在服务贸易领域,双方对诸多服务部门做出高质量的开放承诺,其中,格方在金融、运输、自然人移动、中医药服务等领域满足了中方重点关注,中方在旅游、海运、法律等领域满足了格方重点关注。

2017 年 12 月,中国与马尔代夫签署中国—马尔代夫自由贸易协定。该协定是马尔代夫对外签署的首个双边自贸协定。

2019 年 10 月,中国与毛里求斯签署中国—毛里求斯自由贸易协定。该协定是我国与非洲国家的第一个自贸协定。在服务贸易领域,毛里求斯将对我国开放通信、教育、金融、旅游、文化、交通、中医药等重要服务领域的 130 多个分部门。这是毛里求斯迄今为止在服务领域开放水平最高的自贸协定。

2020 年 10 月,中国与柬埔寨签署中国—柬埔寨自由贸易协定。这是我国与最不发达国家商签的第一个自贸协定,货物贸易自由化和服务市场准入都达到我国自贸协定最高缔约水平。在货物贸易领域,中方给予柬方零关税税目比例达 97.53%,柬方给予中方 90% 税目零关税,这是双方迄今所有自贸协定谈判中的最高水平。在服务贸易领域,双方在各自已参加的自贸协定基础上进一步提升市场开放水平。该协定的市场开放承诺均体现了各自给予自贸伙伴的最高水平。

2020 年 11 月,RCEP 第四次领导人会议期间,中国、东盟 10 国、日本、韩国、澳大利亚和新西兰正式签署协定,世界上人口最多、经贸规模最大、最具发展潜力的自由贸易区正式成立。RCEP 生效后,区域内 90% 的货物贸易最终实现零关税,海关程序与贸易便利化整体水平超过 WTO 的《贸易便利化协定》。

中国已签署的 RTA 统计情况详见表4-4。

表4-4 中国已签署 RTA 统计

	RTA	类型	对方所在地区	签订时间	生效时间	协议覆盖领域
1	亚太贸易协定	PSA	亚洲	2001 年 4 月	2002 年 1 月 2006 年 9 月 (第三轮)	贸易自由化规划(关税、非关税、给最不发达参加国的特殊减让、原产地规则)、贸易扩大(贸易扩大与多元化、便利条件、利益、特许、豁免或特权的扩大)、紧急措施和磋商(减让的中止、为保障国际收支实施的限制、贸易劣势的补偿、争端解决)等
2	中国—东盟全面经济合作框架协议	FTA	东亚	2004 年 11 月(G) 2007 年 1 月(S)	2005 年 1 月(G) 2007 年 7 月(S)	货物贸易、服务贸易、投资、最惠国待遇、争端解决机制等
3	中国—智利自贸区协定	FTA	拉丁美洲	2005 年 11 月(G) 2008 年 11 月(S)	2006 年 10 月(G) 2010 年 8 月(S)	货物的国民待遇和市场准入、原产地规则及与原产地规则相关的程序、贸易救济、卫生和植物卫生措施、技术性贸易壁垒、争端解决等
4	中国—巴基斯坦自由贸易协定	FTA	南亚	2006 年 11 月(G) 2009 年 2 月(S)	2007 年 7 月(G) /2009 年 10 月(S)	货物的国民待遇和市场准入、原产地规则、贸易救济、动物卫生和植物卫生措施、技术性贸易壁垒、投资、争端解决等
5	中国—新西兰自由贸易协定	FTA	大洋洲	2008 年 4 月	2008 年 10 月	货物贸易、原产地规则及操作程序、海关程序与合作、贸易救济、卫生与植物卫生措施、技术性贸易壁垒、服务贸易、自然人移动、投资、知识产权、合作、争端解决等
6	中国—新加坡自由贸易协定	FTA	东亚	2008 年 10 月	2009 年 1 月	货物贸易、原产地规则、海关程序、贸易救济、技术性贸易壁垒、卫生与植物卫生措施、服务贸易、自然人移动、投资、经济合作、争端解决等

	RTA	类型	对方所在地区	签订时间	生效时间	协议覆盖领域
7	中国—秘鲁自由贸易协定	FTA	拉丁美洲	2009年4月	2010年3月	货物的国民待遇和市场准入、原产地规则及与原产地相关的操作程序、海关程序与贸易便利化、贸易救济、卫生与植物卫生措施、技术性贸易壁垒、服务贸易、商务人员临时入境、投资、知识产权、合作、争端解决等
8	中国—哥斯达黎加自由贸易协定	FTA	拉丁美洲	2010年4月	2011年8月	货物的国民待遇和市场准入、原产地规则及与原产地相关的操作程序、海关手续、卫生与植物卫生措施、技术性贸易壁垒、贸易救济、投资、服务贸易和商务人员临时入境、知识产权、合作、贸易关系促进、争端解决等
9	中国—冰岛自由贸易协定	FTA	欧洲	2013年4月	2014年7月	货物贸易、原产地规则、海关手续与贸易便利化、竞争、知识产权、服务贸易、投资、合作、争端解决等
10	中国—瑞士自由贸易协定	FTA	欧洲	2013年7月	2014年7月	货物贸易、原产地规则和实施程序、海关手续和贸易便利化、贸易救济、技术性贸易壁垒、卫生与植物卫生措施、服务贸易、投资促进、竞争、知识产权保护、环境问题、经济技术合作、争端解决等
11	中国—韩国自由贸易协定	FTA	东亚	2015年6月	2015年12月	货物的国民待遇和市场准入、原产地规则和实施程序、海关程序和贸易便利化、卫生与植物卫生措施、技术性贸易壁垒、贸易救济、服务贸易、金融贸易、电信、自然人移动、投资、电子商务、竞争政策、知识产权、环境与贸易、经济合作、争端解决等

续表

	RTA	类型	对方所在地区	签订时间	生效时间	协议覆盖领域
12	中国—澳大利亚自由贸易协定	FTA	大洋洲	2015年6月	2015年12月	货物贸易、原产地规则和实施程序、海关程序和贸易便利化、卫生与植物卫生措施、技术性贸易壁垒、贸易救济、服务贸易、投资、自然人移动、知识产权、电子商务、争端解决等
13	中国—格鲁吉亚自由贸易协定	FTA	西亚	2017年5月	2018年1月	货物贸易、原产地规则、海关程序和贸易便利化、卫生与植物卫生措施、技术性贸易壁垒、贸易救济、服务贸易、环境与贸易、竞争、知识产权、合作领域、透明度、机制条款、争端解决等
14	中国—马尔代夫自由贸易协定	FTA	南亚	2017年12月	未定	未公布
15	中国—毛里求斯自由贸易协定	FTA	非洲	2019年10月	2021年1月	货物贸易、原产地规则和实施诚信、卫生与植物卫生措施、技术性贸易壁垒、贸易救济、服务贸易、投资、竞争、知识产权、电子商务、经济合作、透明度、行政与机制条款、争端解决等
16	中国—柬埔寨自由贸易协定	FTA	南亚	2020年10月	未定	未公布
17	RECP	FTA	亚太	2020年11月	未定	货物贸易、原产地规则、海关程序和贸易便利化、卫生与植物措施、标准、技术法规和合格评定程序、贸易救济、服务贸易、自然人临时移动、投资、知识产权、电子商务、竞争、中小企业、经济技术合作、政府采购等

数据来源:根据中国自由贸易区服务网数据整理得到,截至2020年11月。

此外,中国与海合会、日本、韩国、斯里兰卡、以色列、挪威等组织和国家的谈判也在不同程度地推进,与哥伦比亚、摩尔多瓦、斐济、尼泊尔等国的区域贸易协定正在研究中,详见表4-5。

表4-5　中国正在谈判和研究中的RTA

RTA	类型	所在地区	状态
中国—海湾合作委员会自由贸易协定	FTA	西亚	谈判中
中日韩自由贸易协定	FTA	东亚	谈判中
中国—斯里兰卡自由贸易协定	FTA	南亚	谈判中
中国—以色列自由贸易协定	FTA	西亚	谈判中
中国—挪威自由贸易协定	FTA	欧洲	谈判中
中国—摩尔多瓦自由贸易协定	FTA	欧洲	谈判中
中国—巴拿马自由贸易协定	FTA	中美洲	谈判中
中国—韩国自由贸易协定(第二阶段谈判)	FTA	亚洲	谈判中
中国—巴勒斯坦自由贸易协定	FTA	亚洲	谈判中
中国—秘鲁自由贸易协定(升级谈判)	FTA	拉丁美洲	谈判中
中国—哥伦比亚自由贸易协定	FTA	拉丁美洲	正在研究
中国—斐济自由贸易协定	FTA	大洋洲	正在研究
中国—尼泊尔自由贸易协定	FTA	南亚	正在研究
中国—巴布亚新几内亚自由贸易协定	FTA	大洋洲	正在研究
中国—加拿大自由贸易协定	FTA	北美洲	正在研究
中国—孟加拉国自由贸易协定	FTA	亚洲	正在研究
中国—蒙古自由贸易协定	FTA	亚洲	正在研究
中国—瑞士自由贸易协定(升级谈判)	FTA	欧洲	正在研究

数据来源:根据中国自由贸易区服务网数据整理得到,截至2020年11月。

从以上介绍可以看出,中国的RTA战略以亚洲为中心。在已签署的RTA中,成员方都在亚洲的有10个,占一半以上。正在谈判和研究中的RTA中,合作对象中大部分国家地处亚洲。六大洲中,我国尚未与北美洲的国家签署RTA。

此外,中国的RTA以双边FTA为主。已签署生效的RTA除亚太贸易协定外都属于FTA,正在谈判和研究中的RTA也都是FTA。FTA在RTA中属于经济一体化进程的第二阶段,层次较低。另外,已签署的RTA除了中国—东盟自由贸易协定,其他都是双边类型。正在研究的RTA中,只有中日韩自由贸易协定和RECP属于多边类型。

二、中国RTA的条款深度分析

半个多世纪以来,区域贸易协定在全球范围内不仅经历了数量上的急增,合作形式和层次也由低级向高级发展,规则涉及的内容更加丰富广泛。20世纪90年代以前的区域贸易协定主要集中在关税减让条款,进入21世纪以来,更多的条款涉及监管问题,如服务贸易、知识产权、投资和竞争政策。对一国参与RTA的现状分析不仅要看其参与RTA的数量,还要看其参与RTA的条款数量和条款内容。

Horn等(2010)将现有RTA条款分类为"WTO+"和"WTO-X"两类,共52项条款。其中,"WTO+"是指RTA和WTO中都涉及但是RTA中自由化程度更高的条款,包括工业品关税、农业品关税、贸易便利化、出口税、动植物卫生检疫措施、技术贸易壁垒、国有企业、反倾销、反补贴、国家援助、政府采购、与贸易有关的投资措施、服务贸易总协定、与贸易有关的知识产权协议共14项基础条款。"WTO-X"则是指WTO中不包含而仅在FTA中涉及的新条款,包括反腐败、竞争政策、环境法、其他知识产权条约(IPR)、投资、劳动市场监管、资本流动、消费者保护、数据保护、农业、近似立法、视听、市民保护、创新政策等38个更加广泛的议题,具体见附表1。Hofmann等(2017)在此基础上对全球截至2015年的RTA进行了深度评估。

首先,每个RTA的条款数量和种类不同。其次,对于同一类条款,语言表述也会不同。Hofmann等(2017)认为应考虑条款的法律可执行度。一般来说,如果协议使用的语言足够精确,并且未被排除在争议解决程序之外,则该领域被视为具有法律效力。如使用"应鼓励……""在……加强合作""认识到……重要性"此类语言,则被认为不具有法律效力。有些领域在RTA中虽然被排除在争端解决程序外,但条款却非常精确,发生争端时也可以解决,那么这个领域也是可行的。因此对RTA条款进行赋值如下:当该RTA不包含此项条款或语言表述上不具有法律效力,赋值0;当提及该条款,该条款的语言表述在法律上可执行,但被争议解决条款明确排除在外,赋值1;当RTA明确包含此项条款且语言表述在法律上可行,发生争端时可以解决,则赋值 2。Hofmann (2017)的 RTA 深度数据库评估了 2015 年以前的中国的 RTA 协议,本部分在其评估的基础上进行了一些补充。

在"WTO+"条款中,中国签订的 RTA 平均深度是 18.5,高于全球 RTA 的平均深度 16.8。在全球 RTA 的"WTO+"条款中,关税减让是最基础的内容,几乎所有的 RTA 中都包含工业品关税减让、农业品关税减让两个议题,中国 RTA 的覆盖率达到 100%。贸易便利化条款和动植物卫生检疫措施条款覆盖率也高大,分别为 85.71%和 78.57%,大部分 RTA 都有专门的章节阐述海关与贸易便利化和动植物卫生检疫措施。技术性贸易壁垒、反倾销、反补贴等基础条款的覆盖率分别为 71.43%、82.14%、89.29%,都比较高。此外,服务贸易总协定条款覆盖率为 78.57%,出口税与贸易有关的知识产权协议条款的覆盖率均达到 64.29%。国有企业条款、国家援助条款、政府采购条款以及与贸易有关的投资设施条款的覆盖率略低于其他"WTO+"条款,分别为 46.06%、55.2%、40.5%和 30.82%(Hofmann et al.,2017),而中国 RTA 中的这四类条款的覆盖率更低,分别只有 32.14%、32.14%、14.29%和 28.57%(如图 4-3 所示)。

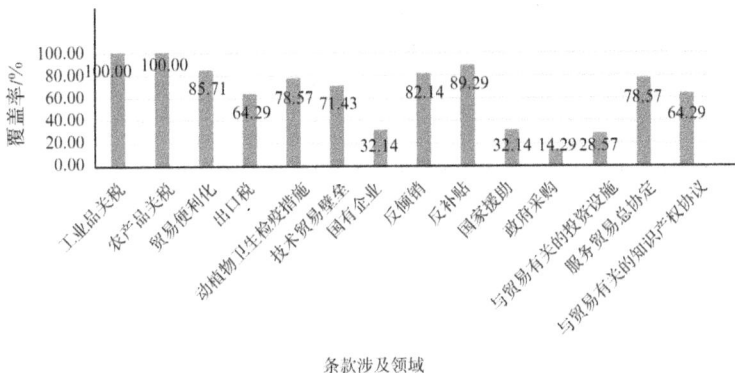

图 4-3 中国 RTA 中"WTO+"条款覆盖率

数据来源:Hofmann(2017)研究以及作者计算。

在"WTO-X"条款中,中国签订的 RTA 平均深度是 7.2,与全球 RTA 平均深度基本持平。反腐败、近似立法、视听、市民保护、金融援助、健康、人权、非法移民、违禁药物、洗钱、核安全、政治对话、公共管理、统计、税收、恐怖主义 16 条"WTO-X"条款在中国 RTA 中都没有涉及。投资和其他知识产权协议是中国

RTA 覆盖率相对较高的议题,分别为 64.29% 和 53.57%,超过了全球均值(38.35% 和 37.99%)。在全球 RTA 中,竞争政策是覆盖率较高(52.87%)的议题,而在中国 RTA 中则较低(25.00%)。其他条款,中国 RTA 的覆盖率高于全球 RTA 的有环境法、消费者保护、创新政策、文化合作、经济政策对话、教育和培训、工业合作、信息安全、区域保护、研发和技术、中小企业、签证和庇护;中国 RTA 的覆盖率低于全球 RTA 的有劳动市场监管、资本流动、数据保护、农业、能源、矿业、社会事务条款(详见表 4-6)。

表 4-6　中国 RTA 和全球 RTA 中"WTO-X"条款覆盖率比较　　（单位：%）

条款	中国覆盖率	全球覆盖率	条款	中国覆盖率	全球覆盖率	条款	中国覆盖率	全球覆盖率
反腐败	0.00	5.20	创新政策	3.57	1.43	洗钱	0.00	0.90
竞争政策	25.00	52.87	文化合作	3.57	5.02	核安全	0.00	2.15
环境法	21.43	15.23	经济政策对话	7.14	5.56	政治对话	0.00	1.08
其他知识产权协议	53.57	37.99	教育和培训	7.14	5.73	公共管理	0.00	3.41
投资	64.29	38.35	能源	3.57	9.14	区域保护	7.14	3.41
劳动市场监管	10.71	14.52	金融援助	0.00	4.66	研发和技术	10.71	6.81
资本流动	35.71	50.18	健康	0.00	3.76	中小企业	10.71	3.76
消费者保护	10.71	5.91	人权	0.00	0.72	社会事务	3.57	7.35
数据保护	3.57	4.84	非法移民	0.00	4.66	统计	0.00	10.04
农业	3.57	9.86	违禁药物	0.00	1.79	税收	0.00	5.20
近似立法	0.00	5.20	工业合作	17.86	6.45	恐怖主义	0.00	1.79
视听	0.00	2.51	信息安全	14.29	2.51	签证和庇护	25.00	18.64
市民保护	0.00	0.54	矿业	3.57	3.58			

数据来源:根据 Hofmann 等(2017)研究以及笔者计算得到,全球覆盖率采用的是截至 2015 年的平均值。

从横向比较看,中国与发达经济体签署的 RTA 深度较大,如中国—新西兰 FTA、中国—韩国 FTA、中国—冰岛 FTA 和中国—瑞士 FTA。中国—东盟 FTA 和中国—巴基斯坦 FTA 的深度较浅。主要表现在"WTO-X"条款的差异较大,中国—新加坡 FTA 和中国—韩国 FTA 的分值达到 13,而 CEPA 和中国—东盟 FTA 的分值为 0。

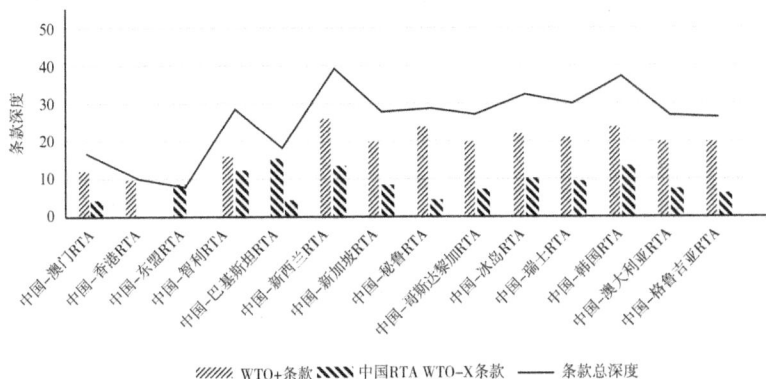

图 4-4 中国 RTA 条款深度

数据来源:根据 Hofmann 等(2017)研究以及笔者计算得到。

三、中国的"一带一路"倡议

在全面推进自贸区战略基础上,中国除了积极参与各类 RTA 谈判以外,还提出了统筹内外、兼顾现实与未来、全面布局新一轮对外开放的"一带一路"倡议。

2015 年 3 月,国家发展改革委、外交部、商务部联合发布《推动共建丝绸之路经济带和 21 世纪海上丝绸之路的愿景与行动》(以下简称《愿景与行动》),从时代背景、共建原则、框架思路、合作重点、合作机制等方面全面阐述"一带一路"的内涵。《愿景与行动》指出,"一带一路"秉承"和平合作、开放包容、互学互鉴、互利共赢"理念,以目标协调、政策沟通为主,不刻意追求一致性,可高度灵活,富有弹性,是多元开放的合作进程。

"一带一路"贯穿亚欧非大陆,一头是活跃的东亚经济圈,一头是发达的欧洲经济圈,中间广大腹地内的国家,经济发展潜力巨大(详见表 4-7)。丝绸之路经济带重点畅通中国经中亚、俄罗斯至欧洲(波罗的海),中国经中亚、西亚至波斯湾、地中海,中国至东南亚、南亚、印度洋三条通道。21 世纪海上丝绸之路重点方向是从中国沿海港口过南海到印度洋再延伸至欧洲,从中国沿海港口过南海到南太平洋。

表 4-7 "一带一路"沿线国家和地区

区域	国家和地区
东南亚	印度尼西亚、泰国、马来西亚、越南、新加坡、菲律宾、缅甸、柬埔寨、老挝、文莱、东帝汶
南亚	印度、巴基斯坦、孟加拉国、斯里兰卡、阿富汗、尼泊尔、马尔代夫、不丹
西亚和北非	沙特阿拉伯、阿联酋、阿曼、伊朗、土耳其、以色列、埃及、科威特、伊拉克、卡塔尔、约旦、黎巴嫩、巴林、也门、叙利亚、巴勒斯坦
中东欧	波兰、罗马尼亚、捷克、斯洛伐克、保加利亚、匈牙利、拉脱维亚、立陶宛、斯洛文尼亚、爱沙尼亚、克罗地亚、阿尔巴尼亚、塞尔维亚、马其顿、波黑、黑山
中亚	哈萨克斯坦、乌兹别克斯坦、土库曼斯坦、吉尔吉斯斯坦、塔吉克斯坦
其他	乌克兰、白俄罗斯、格鲁吉亚、阿塞拜疆、亚美尼亚、摩尔多瓦

注:此为 2015 年"一带一路"倡议提出时涵盖的国家和地区。

在以上"一带一路"沿线国家中,中国已与东盟 10 国、巴基斯坦、新加坡、格鲁吉亚、马尔代夫等签署自由贸易协定,与斯里兰卡、以色列、摩尔多瓦、巴勒斯坦等正在进行自由贸易谈判,与蒙古、尼泊尔、孟加拉国的自由贸易协定正在研究。中国正积极同"一带一路"沿线国家和地区商建自由贸易区,推进国际产能合作。

第三节　中国与 RTA 伙伴的双边贸易发展

一、整体双边贸易概况

本部分的实证研究样本期取 1998—2017 年。在样本初期的 1998 年,中国还未与任何国家或地区签订 RTA。到 2017 年,区域内[①],中国出口 219.91 亿美元,占中国总出口的 11.96%;进口 326.59 亿美元,占中国总进口的 23.29%;区域内贸易总额占中国对外贸易总额的 16.86%。其中,中国与东盟

---

① 为方便比较,以 2017 年与中国签署 RTA 的所有贸易伙伴为统计区域。

的贸易额237.97亿美元,占贸易总额的7.34%。2017年,中国出口4731.78亿美元,占中国总出口的20.91%;进口5882.01亿美元,占中国总进口的31.9%;区域内贸易总额占中国对外贸易总额的25.84%。其中,中国与东盟的贸易额5154.53亿美元,占总贸易额的12.55%。①

比较样本期内贸易额变化情况(见表4-8),可以明显看出中国与这些伙伴的贸易额和贸易额占比(新加坡除外)均有显著增长。中国出口这些伙伴的贸易额增长了18.42倍,其中,出口额增长了10.3倍,占比增长近9%。从单个贸易伙伴看,中国与东盟一些小国(如文莱、老挝等)以及与秘鲁、哥斯达黎加和智利的贸易情况有很大增进。

表4-8　1998年、2017年中国与现FTA成员贸易额及占比情况

FTA 贸易伙伴	中国进口额 /亿美元		占比/%		中国出口额 /亿美元		占比/%		进出口总额 /亿美元		占比/%	
	1998年	2017年	1998年	2017年	1998年	2017年	1998年	2017年	1998年	2017年	1998年	2017年
澳大利亚	26.82	950.09	1.91	5.15	23.65	414.38	1.29	1.83	50.47	1364.47	1.56	3.32
文莱	0.00	3.52	0.00	0.02	0.09	6.38	0.00	0.03	0.09	9.89	0.00	0.02
缅甸	0.62	45.26	0.04	0.25	5.14	89.48	0.28	0.40	5.76	134.75	0.18	0.33
柬埔寨	0.48	10.08	0.03	0.05	1.14	47.83	0.06	0.21	1.62	57.91	0.05	0.14
智利	4.21	211.76	0.30	1.15	6.20	144.10	0.34	0.64	10.41	355.85	0.32	0.87
哥斯达黎加	0.17	7.92	0.01	0.04	0.46	14.95	0.03	0.07	0.63	22.87	0.02	0.06
冰岛	0.07	1.10	0.01	0.01	0.05	1.12	0.00	0.00	0.13	2.22	0.00	0.01
印度尼西亚	24.61	285.74	1.75	1.55	11.70	347.57	0.64	1.54	36.31	633.32	1.12	1.54
韩国	150.14	1775.53	10.71	9.63	62.51	1027.04	3.40	4.54	212.66	2802.57	6.56	6.82
老挝	0.08	16.05	0.01	0.09	0.18	14.19	0.01	0.06	0.26	30.24	0.01	0.07
马来西亚	26.74	544.26	1.91	2.95	15.96	417.12	0.87	1.84	42.70	961.38	1.32	2.34
新西兰	4.10	93.91	0.29	0.51	2.75	51.00	0.15	0.23	6.85	144.91	0.21	0.35
巴基斯坦	3.89	18.33	0.28	0.10	5.23	182.51	0.28	0.81	9.12	200.84	0.28	0.49
秘鲁	2.88	133.67	0.21	0.72	1.07	69.59	0.06	0.31	3.95	203.26	0.12	0.49
菲律宾	5.14	192.39	0.37	1.04	15.12	320.66	0.82	1.42	20.26	513.05	0.63	1.25

---

① 本部分数据来自 UNComtrade 数据库,下文不再另表。

FTA 贸易伙伴	中国进口额 /亿美元		占比/%		中国出口额 /亿美元		占比/%		进出口总额 /亿美元		占比/%	
	1998 年	2017 年	1998 年	2017 年	1998 年	2017 年	1998 年	2017 年	1998 年	2017 年	1998 年	2017 年
新加坡	42.35	342.50	3.02	1.86	39.44	450.19	2.15	1.99	81.79	792.69	2.52	1.93
越南	2.17	503.75	0.15	2.73	10.28	716.17	0.56	3.16	12.46	1219.92	0.38	2.97
瑞士	7.96	330.19	0.57	1.79	6.34	32.07	0.35	0.14	14.30	362.26	0.44	0.88
泰国	24.14	415.96	1.72	2.26	12.58	385.42	0.68	1.70	36.72	801.38	1.13	1.95
东盟	126.34	2359.51	9.01	12.80	111.64	2795.02	6.07	12.35	237.97	5154.53	7.34	12.55
中国对 FTA 总额	326.59	5882.01	23.29	31.90	219.91	4731.78	11.96	20.91	546.50	10613.79	16.86	25.84
中国对非 FTA 总额	1075.78	12555.92	76.71	68.1	1618.18	17901.93	88.04	79.09	2693.96	30467.84	83.14	74.16
全球	1402.37	18437.93	100.00	100.00	1838.09	22633.71	100.00	100.00	3240.46	41071.63	100.00	100.00

数据来源:根据 UNComtrade 数据库数据计算得到。

二、RTA 区域内双边贸易规模的变化

RTA 签署实施后,区域内贸易都将发生明显的改善。以下仅以中国—东盟 FTA、中国—智利 FTA、中国—新西兰 FTA、中国—秘鲁 FTA、中国—冰岛 FTA 和中国—韩国 FTA 为例,分析双边贸易在样本期间内的贸易变化。

(一)中国—东盟 FTA

2005 年 1 月起,中国—东盟 FTA 货物贸易项下 7000 多个税目的产品逐步降低和取消关税;2007 年 7 月开始,东盟 10 国的 12 个服务部门和我国 5 个服务部门相互做出进一步开放承诺。2015 年 11 月 22 日,双方签署自贸区升级谈判成果文件——《中华人民共和国与东南亚国家联盟关于修订〈中国—东盟全面经济合作框架协议〉及项下部分协议的议定书》,对原有协定进行完善、补充和提升。中国—东盟 FTA 是中国唯一一个加入时已有多国组成 FTA 的 RTA。

从贸易规模上看,中国与东盟国家的贸易额呈逐年上升趋势。1998 年,双边贸易额仅 237.97 亿美元,到 2017 年上升至 5154.53 亿美元,增长近 21 倍。双边贸易自 2012 年起呈顺差。

表 4 - 9　1998—2017 年中国—东盟双边贸易额及增长率

年份	贸易总额/亿美元	年增长率/%	出口额/亿美元	年增长率/%	进口额/亿美元	年增长率/%
1998	237.97	—	111.64	—	126.34	—
1999	272.01	14.30	122.74	9.95	149.27	18.15
2000	395.22	45.29	173.41	41.28	221.81	48.60
2001	415.91	5.24	183.76	5.97	232.15	4.66
2002	547.81	31.71	235.84	28.34	311.97	34.38
2003	782.55	42.85	309.27	31.13	473.28	51.71
2004	1058.67	35.29	428.99	38.71	629.67	33.05
2005	1303.61	23.14	553.67	29.06	749.94	19.10
2006	1608.38	23.38	713.11	28.80	895.27	19.38
2007	2032.26	26.35	947.17	32.82	1085.09	21.20
2008	2313.20	13.82	1143.17	20.69	1170.03	7.83
2009	2130.11	−7.91	1062.97	−7.02	1067.14	−8.79
2010	2928.38	37.48	1381.60	29.98	1546.78	44.95
2011	3630.96	23.99	1700.76	23.10	1930.21	24.79
2012	4001.43	10.20	2042.74	20.11	1958.68	1.48
2013	4435.99	10.86	2440.40	19.47	1995.59	1.88
2014	4802.86	8.27	2720.46	11.48	2082.40	4.35
2015	4717.66	−1.77	2772.91	1.93	1944.75	−6.61
2016	4523.08	−4.12	2560.01	−7.68	1963.07	0.94
2017	5154.53	13.96	2795.02	9.18	2359.51	20.19

近 20 年来,东盟与主要对外贸易伙伴的贸易额及占比发生了重要变化,从中可以看出贸易伙伴的重要程度与紧密程度有了转变。东盟与美国、日本、欧盟等贸易伙伴的贸易额占比在下降;东盟内部以及东盟与中国、韩国、印度等贸易伙伴的贸易额占比在上升。1997 年,中国仅是东盟的第八大出口市场和第七大进口来源地。中国—东盟 FTA 生效后,贸易创造效应凸显,2016 年中国已经上升为东盟最大的出口和进口贸易伙伴,分别占比 12.5%和 20.7%。

（二）中国—智利 FTA

该协定是中国与拉美国家签署的第一个自贸区服务贸易协定，也是中智关系史上一个新的里程碑。根据协定，从 2006 年 10 月开始，两国占税目总数 97％的产品关税在 10 年内分阶段降为零。

从贸易规模上看，双边贸易总体上呈现增长趋势，1998—2017 年，贸易总额增长了 33 倍多。1999 年起，中国从智利进口额长期大于中国出口额，双边贸易一直呈逆差状态。在协议实施后的前 5 年（2006—2010 年），随着关税的进一步降低，除 2009 年受金融危机影响增长为负外，中国出口的增长率几乎都在 40％以上。同时，近 20 近来，智利的主要贸易伙伴也发生了较大变动，主要表现在：与美国、日本、阿根廷、墨西哥、德国的双边贸易份额占比都下降，与韩国、巴西份额变化不明显；而中国—智利 FTA 签订实施后，贸易创造作用显著，双边贸易额占智利对外贸易额的比重显著上升，从 1997 年的 3.15％上升到 2017 年的 25.76％。

表 4－10　1998—2017 年中国—智利双边贸易额及增长率

年份	贸易总额/亿美元	年增长率/％	出口额/亿美元	年增长率/％	进口额/亿美元	年增长率/％
1998	10.41	—	6.20	—	4.21	—
1999	12.69	21.88	6.05	−2.32	6.64	57.45
2000	21.22	67.25	7.84	29.47	13.39	101.71
2001	21.18	−0.18	8.15	3.99	13.03	−2.62
2002	25.65	21.11	9.98	22.52	15.67	20.23
2003	35.32	37.67	12.83	28.57	22.48	43.46
2004	53.55	51.64	16.88	31.55	36.67	63.10
2005	71.41	33.35	21.49	27.31	49.92	36.13
2006	88.45	23.86	31.09	44.64	57.36	14.91
2007	147.13	66.34	44.32	42.56	102.80	79.23
2008	173.60	17.99	61.87	39.59	111.73	8.68
2009	177.19	2.07	49.28	−20.34	127.91	14.48
2010	259.60	46.51	80.25	62.83	179.35	40.22

年份	贸易总额 /亿美元	年增长 率/%	出口额 /亿美元	年增长 率/%	进口额 /亿美元	年增长 率/%
2011	313.95	20.94	108.17	34.79	205.78	14.74
2012	332.33	5.85	126.01	16.50	206.32	0.26
2013	338.13	1.75	131.05	4.00	207.08	0.37
2014	340.03	0.56	130.18	−0.67	209.86	1.34
2015	317.29	−6.69	132.90	2.10	184.39	−12.14
2016	314.08	−1.01	128.03	−3.67	186.05	0.90
2017	355.85	13.30	144.10	12.55	211.76	13.82

（三）中国—新西兰FTA

该协定是我国与其他国家签署的第一个涵盖货物贸易、服务贸易、投资等诸多领域的全面自由贸易协定，也是我国与发达国家达成的第一个自由贸易协定。

根据协定，从2008年10月开始，中新双方各自承诺相互降低货物贸易关税、开放服务贸易市场、便利两国人员流动、保护及促进双向投资，并在海关、检验检疫、知识产权等领域加强沟通与合作。虽然中国与新西兰的贸易以逆差为主，中国与新西兰双边贸易呈稳定增长趋势，贸易总额从1998年的6.85亿美元上升到2017年的144.91亿美元，增长了20倍。2008年FTA的实施，中国对新西兰的进口额大量增加，抵消了金融危机对出口带来的负面影响，2009年贸易总额增长率仍然维持为正，且在2010年也出现了大幅的反弹。

中国—新西兰FTA签订后，贸易创造和贸易转移效果显著。从新西兰与主要贸易伙伴贸易额比重变化可见，新西兰与澳大利亚、美国、日本等贸易伙伴的双边贸易份额逐年下降，与韩国、德国、马来西亚等贸易伙伴的贸易份额波动不大，与中国、新加坡、泰国等贸易伙伴的双边贸易份额有明显上升。尤其是与中国的双边贸易增长迅速，无论是出口市场还是进口来源地，从2017年起中国一直都是新西兰的第一大贸易合作伙伴。

表 4-11 1998—2017 年中国—新西兰双边贸易额及增长率

年份	贸易总额/亿美元	年增长率/%	出口额/亿美元	年增长率/%	进口额/亿美元	年增长率/%
1998	6.85		2.75		4.10	
1999	8.24	20.34	3.43	24.67	4.81	17.42
2000	10.54	27.93	4.16	21.35	6.38	32.61
2001	11.72	11.13	4.35	4.53	7.37	15.43
2002	13.99	19.44	5.96	37.05	8.03	9.04
2003	18.26	30.50	8.03	34.66	10.24	27.42
2004	24.91	36.39	10.77	34.25	14.13	38.07
2005	26.79	7.58	13.53	25.62	13.26	−6.17
2006	29.34	9.51	16.20	19.68	13.14	−0.87
2007	37.00	26.11	21.62	33.49	15.38	17.02
2008	44.02	18.95	25.10	16.06	18.92	23.02
2009	45.62	3.65	20.85	−16.90	24.77	30.90
2010	65.28	43.07	27.65	32.57	37.63	51.92
2011	87.18	33.55	37.37	35.17	49.81	32.36
2012	96.75	10.98	38.65	3.42	58.10	16.65
2013	123.85	28.01	41.32	6.91	82.53	42.05
2014	142.43	15.01	47.38	14.67	95.06	15.17
2015	115.03	−19.24	49.19	3.82	65.84	−30.74
2016	119.03	3.48	47.62	−3.19	71.41	8.46
2017	144.91	21.75	51.00	7.10	93.91	31.52

（四）中国—秘鲁 FTA

该协定是我国与拉美国家签署的第一个一揽子自由贸易协定。根据协定，从 2010 年 3 月起，在货物贸易领域，中秘双方将对各自 90％以上的产品分阶段实施零关税。

中国与秘鲁的贸易以进口为主，长期呈逆差状态。1998 年以来，中秘的双边贸易总体上呈增长趋势，双边贸易额从 1998 年的 3.95 亿美元增长到 2017 年的 203.26 亿美元，增长近 50 倍，增长迅速。2010 年实施 FTA 后，恰逢金融危机后的经济反弹,双边贸易增长 54.42%,出口贸易增速达到 69.12%。

近 20 年来,秘鲁的主要贸易伙伴发生了变化,与美国、日本、德国、英国、意大利、哥伦比亚等贸易伙伴的双边贸易份额下降,其中美国下降了近 8 个百分点;与中国和巴西的双边贸易份额上升,特别是与中国,从 1997 年的 4.62% 上升到 2017 年的 24.39%,中国已经成为秘鲁的最大贸易合作伙伴。

表 4-12　1998—2017 年中国—秘鲁双边贸易额及增长率

年份	贸易总额 /亿美元	年增长率/%	出口额 /亿美元	年增长率/%	进口额 /亿美元	年增长率/%
1998	3.95	—	1.07	—	2.88	—
1999	4.41	11.47	1.31	21.96	3.10	7.57
2000	7.05	59.87	1.44	10.37	5.60	80.76
2001	6.75	−4.27	1.77	22.30	4.98	−11.11
2002	9.78	45.03	2.47	39.73	7.32	46.90
2003	11.14	13.85	3.54	43.42	7.60	3.88
2004	19.41	74.30	4.18	18.28	15.23	100.38
2005	28.87	48.71	6.09	45.52	22.78	49.58
2006	39.16	35.66	10.09	65.64	29.08	27.65
2007	60.21	53.74	16.83	66.90	43.38	49.18
2008	72.66	20.68	27.74	64.83	44.92	3.56
2009	64.23	−11.61	20.99	−24.35	43.24	−3.74
2010	99.18	54.42	35.50	69.12	63.68	47.28
2011	125.18	26.21	46.53	31.09	78.64	23.49
2012	137.87	10.14	53.33	14.60	84.55	7.51
2013	145.97	5.87	61.89	16.06	84.08	−0.55
2014	142.42	−2.43	61.01	−1.42	81.41	−3.18
2015	143.05	0.44	63.55	4.17	79.50	−2.35
2016	154.81	8.22	59.90	−5.75	94.91	19.38
2017	203.26	31.30	69.59	16.18	133.67	40.85

（五）中国—冰岛 FTA

该协定是我国与欧洲国家签署的第一个自由贸易协定，涵盖货物贸易、服务贸易、投资等诸多领域。根据协定，从 2014 年 7 月起，在货物贸易领域，冰岛对从中国进口的所有工业品和水产品实施零关税，这些产品占中国对冰岛出口总额的 99.77%；中国对从冰岛进口的 7830 个税号产品实施零关税，这些产品占中方自冰进口总额的 81.56%。

中国与冰岛的双边贸易额总体上呈上升趋势，中间有几次波动，从 1998 年的 0.13 亿美元上升到 2017 年的 2.22 亿美元，增长了 16 倍。中国与冰岛的贸易额基本处于顺差，但近两年顺差幅度在减小。FTA 实施后，正遇到 2015 年世界经济增速放缓、全球贸易负增长，中国出口受到影响。

近 20 年来，冰岛的主要贸易伙伴发生了一些变化，与英国、美国、德国、日本、法国等贸易伙伴的贸易份额下降，其中英、美下降幅度较大；与西班牙、荷兰、中国等贸易伙伴的贸易份额上升，2017 年中国已经跻身为冰岛第七大贸易伙伴和第三大进口来源国。

表 4-13　1998—2017 年中国—冰岛双边贸易额及增长率

年份	贸易总额/亿美元	年增长率/%	出口额/亿美元	年增长率/%	进口额/亿美元	年增长率/%
1998	0.13	——	0.05	——	0.07	——
1999	0.15	15.26	0.07	24.76	0.08	8.28
2000	0.32	117.69	0.18	163.40	0.14	79.00
2001	0.51	60.17	0.32	83.25	0.19	31.43
2002	0.33	−35.27	0.18	−42.69	0.14	−22.38
2003	0.68	107.47	0.46	146.14	0.23	57.90
2004	0.73	7.32	0.46	0.97	0.27	20.02
2005	1.21	65.65	0.75	62.50	0.47	70.95
2006	1.18	−3.11	0.78	3.97	0.40	−14.43
2007	1.28	8.76	0.92	18.86	0.36	−10.85
2008	1.28	0.22	0.93	0.89	0.35	−1.52
2009	0.87	−31.79	0.54	−41.79	0.33	−5.28

续表

年份	贸易总额/亿美元	年增长率/%	出口额/亿美元	年增长率/%	进口额/亿美元	年增长率/%
2010	1.12	28.42	0.71	30.97	0.41	24.26
2011	1.52	35.48	0.77	7.85	0.76	82.96
2012	1.84	21.14	0.95	24.56	0.89	17.67
2013	2.22	20.66	1.47	53.73	0.76	−14.80
2014	2.04	−8.51	1.44	−1.97	0.60	−21.16
2015	1.91	−6.11	1.25	−13.03	0.66	10.56
2016	2.29	19.59	1.34	7.28	0.94	42.87
2017	2.22	−2.89	1.12	−16.62	1.10	16.63

（六）中国—韩国FTA

该协定是东北亚地区第一个自由贸易协定。根据协定，从2015年12月起，双方货物贸易自由化比例均超过税目的90%、贸易额的85%。协定范围涵盖货物贸易、服务贸易、投资和规则共17个领域。

中韩双边贸易呈增长趋势，双边贸易额从1998年的212.66亿美元增长到2017年的2802.57亿美元，增长近12倍。中国从韩国进口大于出口，双边贸易中中国处于逆差。

近20年来，韩国主要贸易伙伴的贸易份额发生了一定的变化，表现为与美国、日本、沙特阿拉伯的份额下降，与中国、越南、澳大利亚、印度等的份额上升。中韩贸易占比从1997年的8.44%上升到2017年的22.8%，中国已经成为韩国的第一大贸易伙伴国。

表4-14　1998—2017年中国—韩国双边贸易额及增长率

年份	贸易总额/亿美元	年增长率/%	出口额/亿美元	年增长率/%	进口额/亿美元	年增长率/%
1998	212.66	—	62.51	—	150.14	—
1999	250.34	17.72	78.08	24.89	172.26	14.73
2000	345.00	37.81	112.92	44.63	232.07	34.72
2001	358.96	4.05	125.19	10.86	233.77	0.73
2002	441.03	22.86	155.35	24.09	285.68	22.21

年份	贸易总额/亿美元	年增长率/%	出口额/亿美元	年增长率/%	进口额/亿美元	年增长率/%
2003	632.23	43.35	200.95	29.36	431.28	50.97
2004	900.46	42.43	278.12	38.40	622.34	44.30
2005	1119.28	24.30	351.08	26.23	768.20	23.44
2006	1342.46	19.94	445.22	26.82	897.24	16.80
2007	1601.84	19.32	564.32	26.75	1037.52	15.63
2008	1860.70	16.16	739.32	31.01	1121.38	8.08
2009	1562.32	−16.04	536.80	−27.39	1025.52	−8.55
2010	2071.06	32.56	687.66	28.10	1383.39	34.90
2011	2456.37	18.60	829.20	20.58	1627.17	17.62
2012	2564.02	4.38	876.74	5.73	1687.28	3.69
2013	2742.38	6.96	911.65	3.98	1830.73	8.50
2014	2904.42	5.91	1003.33	10.06	1901.09	3.84
2015	2757.92	−5.04	1012.86	0.95	1745.06	−8.21
2016	2526.82	−8.38	937.07	−7.48	1589.75	−8.90
2017	2802.57	10.91	1027.04	9.60	1775.53	11.69

三、中国 RTA 区域内贸易应对世界经济冲击的表现

区域贸易协定内部的贸易更稳定,在面临世界经济冲击时对稳定中国出口贸易发展发挥了重要作用。由美国次贷危机引发的国际金融危机于 2008 年向全球实体经济不断蔓延,外贸依存度超过 60% 的中国所受影响十分深刻。中国—东盟 FTA、中国—智利 FTA 和中国—巴基斯坦 FTA 分别在 2004 年、2005 年、2006 年签署,实施后均经历了 2008 年世界金融危机的冲击。下面将分析这三个自贸区在世界金融危机冲击期间的贸易量变化,并选择样本期初与中国贸易关系相近的国家作为对照国进行对比分析。

因为美国、日本与东盟均为中国主要的贸易伙伴,而前两者与中国均没有签订 RTA。因此本部分将中国与东盟的双边贸易情况与中美、中日的双边贸易情况进行比较,观察签订前后 FTA 对双边贸易的影响情况。图 4-5 显示了

中国三大贸易伙伴近 20 年来的贸易额变化趋势。从进出口贸易总额看,在 2005 年实施货物贸易协议前,中国与东盟的贸易总额增长较缓慢。2006 年开始,中国—东盟贸易额的增长曲线陡峭程度显著大于中美和中日的贸易曲线,说明中国—东盟的贸易关系在 FTA 实施后有较大的增进。中国—东盟、中美、中日的贸易额曲线在 2009 年均出现向右下倾斜,但是中国—东盟的曲线倾斜程度较小;2010 年贸易反弹时,贸易曲线均向右上倾斜,中国—东盟的曲线倾斜程度又比中美和中日大。从中国出口的角度看(见图 4 - 6),金融危机发

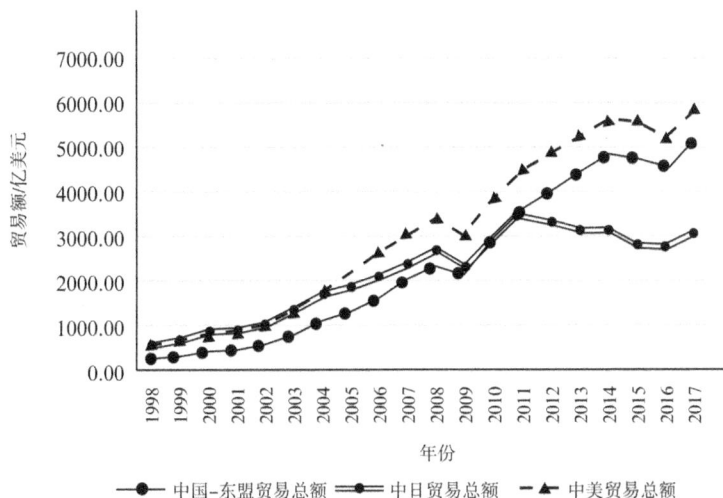

图 4 - 5　中国-东盟贸易总额与中美、中日贸易额变化趋势比较

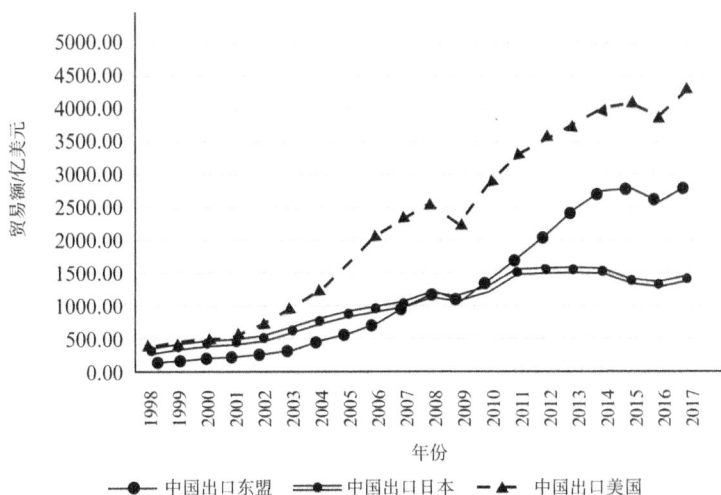

图 4 - 6　中国出口东盟贸易额与中国出口美日比较

生后,中国出口美国和中国出口日本的曲线均出现急剧下跌,但中国出口东盟的下跌程度明显小于前者。危机后中国出口东盟的反弹程度又大于前者。因此,可以认为中国—东盟 FTA 的签订,对于促进双边贸易的增长以及减轻世界经济危机冲击对双边贸易尤其是中国出口贸易的影响发挥了重要作用。

智利和巴基斯坦在样本期初期与中国的双边贸易额较小,因此本部分选择未与中国签署 RTA 的双边贸易额相近的阿根廷和伊朗进行对比分析。图 4 - 7 显示了中巴、中智、中阿、中伊近 20 年的双边贸易总额变化趋势。从进出口贸易总额看,在 2005 年未签署 FTA 前,中智、中巴的贸易额增长较缓慢。2006 年中智 FTA 实施后,显示中智贸易总额的曲线陡峭程度显著大于中阿和中伊的贸易曲线,说明中国与智利的贸易关系在 FTA 实施后有较大的增进。中巴贸易额增长虽然没有中智显著,但是相比 2007 年 FTA 实施前也有较大的起色。中阿和中伊的贸易额曲线在 2009 年均显著出现向右下倾斜,但是中巴和中智的曲线倾斜程度较小;当 2010 年贸易反弹时,贸易曲线均向右上倾斜,中智的曲线倾斜程度又比中阿和中伊大。从中国出口的角度看(见图 4 - 8),金融危机发生后,中国出口智利的曲线下跌程度也较小。危机后中国出口智利的反弹程度也较大。

2008 年金融危机对世界各国的进出口贸易产生了较大影响,大部分国家的双边贸易出现断崖式下跌。但是区域贸易协定一定程度上缓解了金融危机的消极影响,且 2010 年危机结束后,RTA 成员双边贸易出现比普通贸易伙伴更大的反弹。从图 4 - 5 到图 4 - 8 可以看出,中国—东盟 FTA、中国—智利

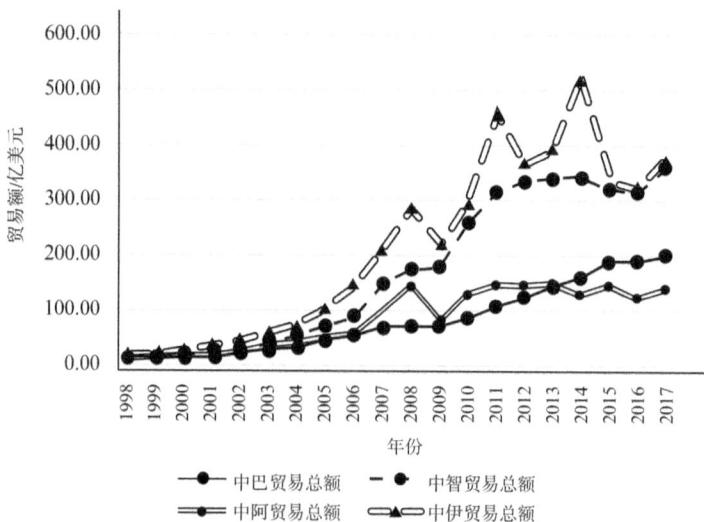

图 4 - 7 中巴、中智、中阿、中伊贸易总额变化趋势比较

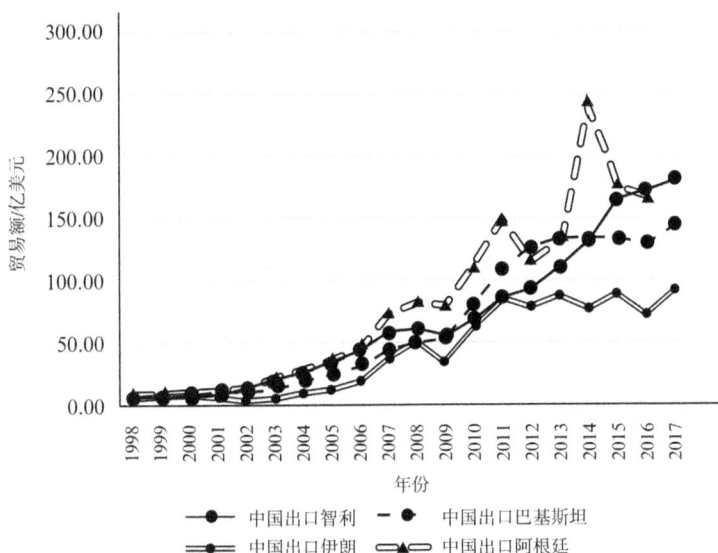

图 4-8 中国出口智利、巴基斯坦、伊朗和阿根廷贸易额比较

FTA 以及中国—巴基斯坦 FTA 的签订,对于促进双边贸易的增长以及减轻世界经济危机冲击对双边贸易尤其是中国出口贸易的影响发挥了重要作用。

四、中国 RTA 与国外 RTA 的贸易增长比较分析

(一)中国—东盟 FTA、日本—东盟 FTA 与印度—东盟 FTA 比较

日本—东盟 FTA 于 2008 年 3 月签订,当年 12 月实施,已实施 10 年(截至 2017 年)。印度—东盟 FTA 于 2009 年签订,2010 年实施,已实施 8 年(截至 2017 年)。本部分计算了 1998—2017 年中国、日本、印度与东盟的进口、出口和贸易总额变化情况,详见表 4-15。1998—2017 年,中国与东盟的贸易增长最快,其中,进口增长 19.26 倍,出口增长 21.7 倍;日本与东盟的贸易增长最慢,进口增长 2.05 倍,出口增长 1.43 倍。从实施 5 年增长率看,中国与东盟的贸易总额增长 1.18 倍,日本与东盟的贸易总额增长 0.53 倍,印度与东盟的贸易增长 0.73 倍。从实施 8 年增长率看,中国与东盟的贸易总额增长 2.87 倍,日本与东盟的贸易总额增长 0.17 倍,印度与东盟的贸易增长 0.88 倍。因此,综合比较而言,中国—东盟 FTA 实施以来对双边贸易的促进作用很大,超过日本—东盟 FTA 和印度—东盟 FTA 对日本和印度外贸的促进作用。

表 4 - 15　中、日、印与东盟的双边贸易额增长率　　（单位：%）

RTA	1998—2017 年增长率			2004—2017 年增长率			实施 5 年增长率			实施 8 年增长率		
	进口	出口	总额	进口	出口	总额	进口	出口	总额	进口	出口	总额
中国—东盟 FTA	1926	2170	2060	383	489	439	111	123	118	268	304	287
日本—东盟 FTA	205	143	169	66	57	61	50	55	53	20	15	17
印度—东盟 FTA	769	1517	957	314	321	317	64	92	73	70	125	88

注：根据 2005—2018 年《东盟统计年鉴》计算得到。

（二）中国—新西兰 FTA 与北美自由贸易区比较

北美自由贸易区（NAFTA）由美国、加拿大和墨西哥三国组成，于 1992 年签订，1994 年实施，是世界上最早的由发达国家和发展中国家签订的自贸区。计算三国双边贸易增长情况，得表 4 - 16。自 NAFTA 实施以来，成员国相互之间的贸易量得到大幅度上升。墨西哥与美国的双边贸易额从 1993 年的 912 亿美元增长到 2017 年的 5223 亿美元，墨西哥与加拿大的双边贸易额从 1993 年的 25 亿美元增长到 2017 年的 211 亿美元，美国与加拿大的双边贸易额从 1993 年的 2138 亿美元增长到 2017 年的 5991 亿美元。自 NAFTA 实施以来，墨西哥与美国、加拿大的双边贸易额分别增长 4.72 倍和 7.3 倍，美国与加拿大的双边贸易额增长 1.75 倍。计算本部分样本期内（1998—2017 年）的增长情况可知，墨西哥与美国、加拿大的双边贸易额分别增长 1.68 倍和 4.33 倍，美国与加拿大的双边贸易额增长 0.77 倍。综合比较而言，NAFTA 对墨西哥的贸易促进作用更显著。

表 4 - 16　美、加、墨双边贸易增额长率　　（单位：%）

双边贸易伙伴	1993—2017 年增长率			1998—2017 年增长率		
	进口	出口	总额	进口	出口	总额
墨西哥—美国	304	662	472	109	221	168
墨西哥—加拿大	890	628	730	334	563	433
美国—加拿大	169	182	175	72	83	77

2008年,中国与新西兰签订FTA,是我国第一个与发达国家签订的FTA,已过去10年(截至2017年),双边贸易增长迅速。比较NAFTA实施10年里墨西哥与美国、加拿大双边贸易增长,得表4-17,发现中国—新西兰FTA在实施10年里对中国的贸易增长拉动效应更好,超过NAFTA对墨西哥的拉动效应。

表4-17　中国与墨西哥在实施FTA后的贸易额增长率比较　　（单位:%）

双边贸易伙伴	进口	出口	总额
	1993—2003年增长率		
墨西哥-美国	119	237	174
墨西哥-加拿大	317	093	180
	2007—2017年增长率		
中国—新西兰	511	136	292

第四节　本章小结

半个多世纪以来,区域贸易协定(RTA)在世界范围内迅速发展。进入20世纪90年代以来,每年新实施的RTA数量出现大幅度增加,特别是2000年以来实施的RTA数目超过了20世纪实施的RTA数目之和。从RTA的条款内容看,合作形式和层次由低级向高级发展,规则涉及的内容也更加丰富广泛,除了关税减让条款,服务市场的开放也被纳入谈判的范围,进入21世纪后又延伸至技术创新与扩散、知识产权、投资、劳动力等经济合作领域。RTA参与的国家覆盖面也越来越大,除了发达经济体间的合作,发展中经济体间的合作、发达经济体和发展中经济体的合作也越来越深入。

我国积极响应世界区域经济一体化迅猛发展的新形势,稳步推进区域贸易协定建设,取得了丰富的成果。中国已先后与东盟10国、智利、巴基斯坦、新西兰、新加坡、秘鲁、哥斯达黎加、冰岛、瑞士、韩国、澳大利亚、格鲁吉亚、马尔代夫、毛里求斯签署自由贸易协定。中国与海合会、日本、韩国、斯里兰卡、以色列、挪威等国家和组织的谈判也在不同程度地推进。中国与哥伦比亚、摩尔多瓦、斐济、尼泊尔等国的区域贸易协定正在研究中。中国的 RTA 战略以亚洲为中心,以双边 RTA 为主。从对中国的 RTA 条款进行评估可知,在"WTO+"条款中,中国签订的 RTA 平均深度是 18.5,高于全球 RTA 的平均深度 16.8。在"WTO-X"条款中,中国签订的 RTA 平均深度是 7.2,与世界 RTA 平均深度基本持平。投资和其他知识产权条约是中国 FTA 覆盖率相对较高的议题。

FTA 实施以来,中国与相应贸易伙伴的贸易发展迅速。1998—2017 年,中国与这些 FTA 伙伴的贸易额占中国对外贸易总额的比重从 17% 提高到 26%,尤其与东盟国家文莱、老挝以及秘鲁、哥斯达黎加、智利的贸易情况有很大增进。从单个国家看,中国已经成为很多 FTA 成员的重要贸易伙伴甚至第一贸易伙伴。此外,FTA 不仅促进了双边贸易的增长,在减轻世界经济危机对双边贸易尤其是中国出口贸易的冲击方面也发挥了重要作用。

比较部分中国 RTA 与世界其他 RTA 对贸易增长的推动情况可知,中国 FTA 对贸易增长促进作用显著。中国—东盟的贸易增长超过日本—东盟、印度—东盟的贸易增长,中国—新西兰 FTA 的贸易增长率也超过 NAFTA 中墨西哥与美国、加拿大的双边贸易增长率。

第五章　区域贸易协定与产业内/间贸易增长

第四章从双边贸易流量的视角对中国 RTA 的贸易效应做了分析,区域贸易协定的签订实施确实促进了中国对 RTA 贸易伙伴的出口贸易增长,为本部分接下来对贸易效应的进一步剖析打好了铺垫。根据第三章的理论模型推导,区域贸易协定的签订实施可以通过降低贸易成本和促进投资发展对产业内贸易产生影响。本章将在分析中国对 RTA 贸易伙伴产业内/产业间贸易现状的基础上,用反事实分析方法,实证检验区域贸易协定对中国产业内贸易的影响,并从产业内贸易细分、RTA 贸易伙伴类型和制造品分类等方面论证 RTA 的贸易结构效应具有异质性。

第一节　中国与主要贸易伙伴贸易结构的测定

对于产业内贸易,不同的角度有不同的定义,大多比较笼统,如"一国同一产品组的产品存在同时进出口的活动"(Falvey,1981)。Grubel 等(1975)提出产业内贸易为"贸易总额减去产业间贸易的余额"或"一国某一产业产品的进口与出口之和",给出了可以度量产业内贸易水平的定义。

一、产业内贸易的含义与测度

(一)静态产业内贸易指数——GLI 指数

Grubel-Lloyd 指数(GL 指数)主要用来度量某一特定产品组的产业内贸易指数,可表示为

$$\text{GLI}_{ijk} = \frac{2\min(X_{ijk}, M_{ijk})}{X_{ijk} + M_{ijk}} \tag{5.1}$$

其中，X_{ijk} 和 M_{ijk} 分别表示 k 产品组的出口额和进口额。一般认为，该指数越大，该产品组的产业内贸易比重就越大。在考察一国产业内贸易的平均水平时，要以各产业的贸易额占贸易总额比重为权重进行计算，即

$$\text{GLI}_{ij} = \sum_{k} \frac{2\min(X_{ijk}, M_{ijk})}{\sum_{k} X_{ijk} + \sum_{k} M_{ijk}} \tag{5.2}$$

该度量公式考虑到了各产业或产品组在国际贸易中的重要性，但并没有考虑总量不平衡的问题，导致在衡量一国产业内贸易平均水平时存在偏差。因此，针对贸易不平衡问题，Grubel 和 Lloyd 提出了以下调整公式

$$\text{CGLI}_{ijk} = \sum_{k} \frac{2\min(X_{ijk}, M_{ijk})}{\sum_{k} X_{ijk} + \sum_{k} M_{ijk} - \left| \sum_{k} X_{ijk} - \sum_{k} M_{ijk} \right|} \tag{5.3}$$

（二）动态产业内贸易指数——MIT 指数

Brülhart（1994）用边际产业内贸易指数（marginal Intra-Industry trade, MIT）来衡量产业内贸易水平的动态变化，表示为

$$\begin{aligned}
\text{MIIT}_{ij} &= 1 - \frac{\left| (X_{ij_t} - X_{ij_{t-1}}) - (M_{ij_{t-1}} - M_{ij_{t-1}}) \right|}{\left| X_{ij_t} - X_{ij_{t-1}} \right| + \left| M_{ij_{t-1}} - M_{ij_{t-1}} \right|} \\
&= 1 - \frac{\left| \Delta X_{ij} - \Delta M_{ij} \right|}{\left| \Delta X_{ij} + \Delta M_{ij} \right|}
\end{aligned} \tag{5.4}$$

其中，ΔX_i 和 ΔM_i 分别表示一定时期内 i 产业出口额和进口额的变化量。

（三）产业内/间贸易额的测度

Fontagné 等（1997a）提出了另一种测度方式，不仅可以对贸易模式演进的趋势进行判断，还可以进一步测算出每种贸易模式的贸易额。他们认为，产业内贸易是指一个国家同时出口和进口同一种产品，因此可以按照产品的贸易重叠程度来区分产业间贸易和产业内贸易。如果同一组产品的进出口额相差 10 倍以上，则认为该组产品的贸易主要是进口或出口的单向贸易；如果同组产品的进出口额相差不多，即存在较多的贸易重叠，则认为该组产品的贸易主要是产业内贸易。贸易重叠度可表示为

$$\text{MYCDD}_{ij} = \frac{\text{Min}(X_{ij}, M_{ij})}{\text{Max}(X_{ij}, M_{ij})} \tag{5.5}$$

其中，X_{ij} 和 M_{ij} 分别表示某国 i 组产品某年的出口/进口额。将同一种贸易模式的产品的贸易额加总，就可以得到该国所有产业的产业间和产业内贸易额。$\text{MYCDD}_{ij} \leqslant 0.1$，表示贸易主要体现为产业间贸易；$\text{MYCDD}_{ij} > 0.1$，表示贸易

主要体现为产业内贸易。

(四)产业内贸易的分类

学者们认为可以进一步将产业内贸易根据产品差异的具体类型区分为水平型产业内贸易和垂直型产业内贸易。水平型产业内贸易是指贸易的产品在品质、价格上差异不大,这种贸易是由生产规模经济和消费者需求多样化带来的。垂直型产业内贸易是指在品质、价格上差异较大的产品的贸易,这种贸易通常是由技术水平差异引起的。

Greenaway 等(1995)在研究英国的产业内贸易时提出了具体的划分标准。UV_x、UV_m 分别表示某个产品组的单位出口价值和进口价值,当 $1-\alpha \leqslant \dfrac{UV_x}{UV_m} \leqslant 1+\alpha$,属于水平型产业内贸易(HIIT);当 $\dfrac{UV_x}{UV_m} < 1-\alpha$ 或 $\dfrac{UV_x}{UV_m} > 1+\alpha$,属于垂直型产业内贸易(VIIT)。其中,$\alpha$ 为离散因子,通常取 0.15 或者 0.25(Greenaway et al.,1995)。在现有的研究中,通常将离散因子 α 设定为 0.25(林琳,2005;冯宗宪等,2017)。因此,满足 $0.75 \leqslant \dfrac{UV_x}{UV_m} \leqslant 1.25$ 时,为水平型产业贸易;满足 $\dfrac{UV_x}{UV_m} < 0.75$ 或 $\dfrac{UV_x}{UV_m} > 1.25$ 时,为垂直型产业内贸易。Celi(1999)进一步指出,当 $\dfrac{UV_x}{UV_m} < 1-\alpha$ 时,出口品的价格(质量)低于进口品的价格(质量),意味着该经济体处于垂直产业内分工的产业链下端,此时称为下垂直型产业内贸易;当 $\dfrac{UV_x}{UV_m} > 1+\alpha$ 时,出口品的价格(质量)高于进口品的价格(质量),意味着该经济体处于产业内分工产业链的上端,此时称为上垂直型产业内贸易。

二、国家层面的产业内/间贸易现状

本部分先根据 Fontagné 等(1997a)提出的产业内/间贸易划分方式对双边贸易进行划分,然后根据 Greenaway 等(1995)对产业内贸易再划分为水平型和垂直型产业内贸易,同时计算产业内贸易 GLI 指数、CGLI 指数和 MIIT 指数。

关于产业分类层次的标准,经验研究中 SITC 二位数层次、三位数层次、四位数层次等都被使用过,但大多倾向于用 SITC 三位数层次的划分。因为过于笼统的产品分组会夸大产业内贸易的数值,但太详细的分类体系也是没必要的,而是倾向于将那些生产者具有良好替代性的产品分开(林琳,2005)。

(一)中国对外产业间/内贸易概况

对 1998—2017 年的中国对外贸易进行产业间/内贸易分类统计,并计算产业内贸易指数后,得出表 5-1 和表 5-2。其间,中国产业内贸易和产业间贸易比重都呈现波动,其中产业间贸易比重先降低后缓慢上升,近年又略有下降,而产业内贸易比重则呈现先逐渐上升后略微下降,近年又上升的趋势,具体表现为以下几点:①伴随中国贸易总量不断扩大,产业内贸易额和产业间贸易额都增长迅速,其中产业间贸易额增长 11.4 倍,产业内贸易额增长 11.8 倍。②产业间贸易在总贸易中所占的比重一直大大低于产业内贸易,产业内贸易是中国进出口贸易的主力军。2017 年,中国产业内贸易额是产业间贸易额的 1.8 倍。③中国的产业内贸易以垂直型产业内贸易为主,其占比经历了先下降又上升的趋势,20 年里垂直型产业内贸易增长了 13.4 倍,而水平产业内贸易额仅增长 5.1 倍。④中国上垂直产业内贸易额增长快于下垂直产业内贸易额增长。1998 年时,以下垂直产业内贸易为主,从 2000 年起,上垂直产业内贸易额超过下垂直产业内贸易。⑤GLI 指数在 0.4 上下波动,CGLI 指数在 0.45 上下波动,上升趋势不明显。

表 5-1　中国产业内/间贸易额及产业内贸易指数

年份	产业间贸易额/亿美元	产业内贸易额/亿美元			垂直型产业内贸易额/亿美元		GLI 指数	CGLI 指数	MIIT 指数
		总贸易额	水平型	垂直型	上垂直	下垂直			
1998	1171.03	2069.43	393.68	1675.75	458.56	1217.19	0.409	0.472	—
1999	1180.69	2425.61	394.45	2031.15	435.25	1595.91	0.428	0.465	0.332
2000	1511.49	3231.48	480.52	2750.95	1764.25	986.70	0.446	0.47	0.395
2001	1519.49	3577.02	290.43	3286.59	2136.98	1149.61	0.443	0.463	0.258
2002	1767.61	4440.05	533.45	3906.60	2511.51	1395.10	0.437	0.459	0.31
2003	2605.93	5903.94	866.54	5037.40	3524.31	1513.09	0.428	0.441	0.378
2004	3424.68	8120.87	1509.46	6611.41	4502.19	2109.22	0.428	0.44	0.373
2005	4106.79	10112.27	2639.80	7472.47	1167.59	6304.88	0.428	0.462	0.333

续表

年份	产业间贸易额/亿美元	产业内贸易额/亿美元			垂直型产业内贸易额/亿美元		GLI指数	CGLI指数	MIIT指数
		总贸易额	水平型	垂直型	上垂直	下垂直			
2006	4677.4	12926.57	2189.24	10737.33	2440.64	8296.69	0.428	0.476	0.362
2007	5887.27	15874.49	1966.52	13907.96	10345.88	3562.08	0.417	0.475	0.304
2008	7456.21	18176.35	1947.41	16228.93	11681.32	4547.62	0.407	0.461	0.315
2009	6703.67	15368.35	1382.16	13986.19	10365.92	3620.26	0.414	0.454	0.29
2010	9195.01	20542.66	3190.56	17352.10	11896.46	5455.63	0.41	0.436	0.38
2011	12469.82	23948.01	3331.49	20616.52	13926.68	6689.84	0.396	0.413	0.352
2012	13482.09	25187.73	3258.39	21929.34	15134.95	6794.39	0.39	0.415	0.252
2013	15156.32	26433.67	3576.97	22856.70	15192.21	7664.49	0.393	0.419	0.38
2014	15565.18	27450.09	3071.14	24378.94	17097.23	7281.71	0.38	0.417	0.275
2015	13033.21	26497.12	2437.14	24059.99	17619.04	6440.95	0.392	0.462	0.289
2016	11435.9	25419.68	2287.09	23132.59	16348.41	6784.18	0.395	0.459	0.261
2017	14553.77	26517.86	2413.42	24104.44	13697.15	10407.29	0.391	0.436	0.387
增长倍数	11.43	11.81	5.13	13.38	28.87	7.55	-0.04	-0.08	0.17

数据来源:根据 UNComtrade 数据库计算得到。

表5-2 中国对世界贸易结构　　　　　　　　　　　　　　(单位:%)

年份	总贸易		产业内贸易		垂直型产业内贸易	
	产业间贸易占比	产业内贸易占比	水平型贸易占比	垂直型贸易占比	上垂直贸易占比	下垂直贸易占比
1998	36.14	63.86	19.02	80.98	27.36	72.64
1999	36.14	63.86	16.26	83.74	21.43	78.57
2000	32.74	67.26	14.87	85.13	64.13	35.87
2001	31.87	68.13	8.12	91.88	65.02	34.98
2002	29.81	70.19	12.01	87.99	64.29	35.71
2003	28.47	71.53	14.68	85.32	69.96	30.04
2004	30.62	69.38	18.59	81.41	68.10	31.90
2005	29.66	70.34	26.10	73.90	15.63	84.37
2006	28.88	71.12	16.94	83.06	22.73	77.27

年份	总贸易		产业内贸易		垂直型产业内贸易	
	产业间贸易占比	产业内贸易占比	水平型贸易占比	垂直型贸易占比	上垂直贸易占比	下垂直贸易占比
2007	26.57	73.43	12.39	87.61	74.39	25.61
2008	27.05	72.95	10.71	89.29	71.98	28.02
2009	29.09	70.91	8.99	91.01	74.12	25.88
2010	30.37	69.63	15.53	84.47	68.56	31.44
2011	30.92	69.08	13.91	86.09	67.55	32.45
2012	34.24	65.76	12.94	87.06	69.02	30.98
2013	34.86	65.14	13.53	86.47	66.47	33.53
2014	36.44	63.56	11.19	88.81	70.13	29.87
2015	36.19	63.81	9.20	90.80	73.23	26.77
2016	32.97	67.03	9.00	91.00	70.67	29.33
2017	31.03	68.97	9.10	90.90	56.82	43.18

数据来源:根据 UNComtrade 数据库计算得到。

2017 年,中国进出口贸易额排名世界第一,是名副其实的贸易大国。但是与世界其他贸易大国比,产业内贸易水平却比较低。由图 5-1 可看出,中国 GLI 指数远远低于除日本外的其他主要发达国家。

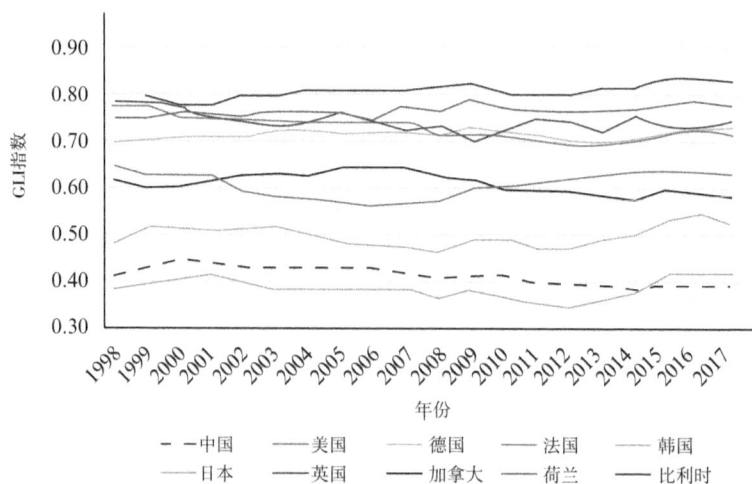

图 5-1　1998—2017 年世界主要贸易大国的 GLI 指数

数据来源:根据 UNComtrade 数据库计算得到。

(二)中国对 FTA 贸易伙伴产业内贸易现状

根据 Fontagné 等(1997a)提出的产业内/间贸易划分方式对双边贸易进行划分,计算中国对 FTA 贸易伙伴的产业内贸易额及占比,并根据 Grubel 等(1975)的研究计算静态产业内贸易指数 GLI 指数,具体见附表 4—附表 8。

从产业内贸易金额数值看,除文莱、冰岛外,中国与大多数 FTA 贸易伙伴的产业内贸易规模较大;中国与大多数 FTA 贸易伙伴的产业内贸易规模均实现了较大的增长。从产业内贸易占双边总贸易比重看,2017 年超过 50% 的贸易伙伴有韩国、新加坡、越南和泰国;中国对文莱、智利、秘鲁、新西兰、澳大利亚的产业内贸易比重低于 10%;对澳大利亚、印度尼西亚、菲律宾、瑞典的比重有明显下降。GLI 指数表反映的情况与产业内贸易额表基本一致。2017 年,中国对韩国、新加坡、越南的 FLI 指数较高,超过 GIL 平均水平 0.39;中国对澳大利亚、菲律宾的 GLI 指数有所下降(见附表 5)。考虑到贸易平衡后的修正CGLI 指数结果略有不同(见附表 6)。

以中国最早签订的中国—东盟 FTA 区域内双边产业内贸易为例。CGLI 指数显示,除新加坡、越南和泰国外,区域内产业内贸易水平仍较低,传统比较优势带来的产业间贸易依然是中国与大多数东盟国家进行贸易的基础(见附表 6)。从增长变化趋势看,除文莱、印度尼西亚、菲律宾和新加坡,中国与大多数东盟国家的双边产业内贸易占比有较快增长(见附表 7);CGLI 指数也反映出,除菲律宾下降和新加坡基本稳定以外,中国与大多数东盟国家的双边产业内贸易水平有显著提高(见附表 6)。

将产业内贸易分为水平型和垂直型两类,进一步观察中国与 21 个 FTA 贸易伙伴的产业内贸易结构情况,见附表 7。中国与大部分 FTA 伙伴的产业内贸易均以垂直型产业内贸易为主,2017 年垂直型产业内贸易额占 90% 以上的贸易伙伴有 10 个。其中,与冰岛、巴基斯坦、泰国这几个贸易伙伴的水平型产业内贸易额占比近几年内有所增长,其中与巴基斯坦的水平型贸易发展尤其迅速。与全国对外平均水平比较的话,与文莱、缅甸、柬埔寨、智利、哥斯达黎加、冰岛、老挝、新西兰、菲律宾和瑞士这几个贸易伙伴的垂直型产业内贸易比重在样本区间内大部分时间都超过中国对外平均水平。

进一步观察上垂直型产业内贸易和下垂直型产业内贸易情况(见附表 7)。1998—2017 年,中国与 FTA 贸易伙伴的上垂直产业内贸易有所上升,趋势基本与中国整体对外情况相似。与全国对外平均水平比较,对缅甸、柬埔寨、印度尼西亚、韩国、老挝、巴基斯坦、越南这几个贸易伙伴的上垂直型产业内贸易占比在样本区间内大部分时间都超过中国对外平均水平。也即意味着,中国对文莱、智利、哥斯达黎加、冰岛、新西兰、菲律宾和瑞士这些贸易伙伴的产业内贸易主要是以下垂直型产业内贸易为主。

三、行业层面的产业内贸易现状

(一)分行业中国对外产业内贸易概况

本部分进一步分析产业内贸易的行业差异。在分析商品贸易结构时,固定标准的分类方法中具有代表性的是 Lall(2000)的分类方法,他根据不同商品的要素投入、技术活动相关指标以及工业技术知识等,将 SITC 三位码出口商品分为初级产品、资源型制造品、低技术型制造品、中技术型制造品和高技术型制造品五大类。该分类方法已经得到较广泛的应用,且本部分的 GLI 指数计算也是基于 SITC 三位码的数据,因此根据 Lall(2000)的行业分类计算得到的各行业的 GLI 指数如表 5 - 3 所示。

表 5 - 3　分行业中国对外产业内贸易 GLI 指数

年份	初级产品	制造品				
		资源型	低技术型	中技术型	高技术型	总体
1998	0.408	0.354	0.252	0.418	0.649	0.405
1999	0.377	0.365	0.254	0.422	0.682	0.428
2000	0.338	0.392	0.261	0.448	0.701	0.456
2001	0.346	0.390	0.269	0.444	0.655	0.450
2002	0.381	0.407	0.260	0.432	0.609	0.440
2003	0.349	0.399	0.262	0.426	0.568	0.432
2004	0.322	0.347	0.277	0.473	0.539	0.437
2005	0.320	0.375	0.258	0.512	0.519	0.440
2006	0.324	0.361	0.265	0.539	0.504	0.442
2007	0.292	0.330	0.264	0.545	0.489	0.432

年份	初级产品	制造品				
		资源型	低技术型	中技术型	高技术型	总体
2008	0.234	0.319	0.247	0.552	0.498	0.430
2009	0.254	0.329	0.238	0.548	0.505	0.435
2010	0.196	0.321	0.254	0.551	0.515	0.442
2011	0.179	0.304	0.236	0.556	0.522	0.435
2012	0.169	0.301	0.212	0.559	0.533	0.433
2013	0.167	0.292	0.202	0.569	0.547	0.437
2014	0.166	0.302	0.196	0.562	0.508	0.419
2015	0.203	0.315	0.198	0.547	0.515	0.423
2016	0.209	0.312	0.205	0.557	0.503	0.424
2017	0.195	0.316	0.219	0.570	0.503	0.435

数据来源:根据 UNComtrade 数据库计算得到。

1998—2017 年,初级产品的产业内贸易水平总体呈下降趋势,直至 2017 年,初级产品 GLI 指数是五类产品中最低的。制造品的 GLI 指数稳定在 0.42 上下,相比发达国家,还有较大差距。四类制造品中,低技术型产品的 GLI 指数最低,资源型产品其次,中技术型产品的 GLI 指数逐渐上升,高技术型产品的 GLI 指数则逐渐下降,2005 年以后中技术型产品的产业内贸易水平超过高技术型产品。

(二)中国对 FTA 贸易伙伴分行业产业内贸易现状

本部分计算了中国对主要 FTA 贸易伙伴的制造品产业内贸易 GLI 指数,具体见附表 8。整体而言,中国对新加坡、越南、瑞士、泰国、印度尼西亚、马来西亚、韩国与澳大利亚的制造品产业内贸易水平较高,对文莱、缅甸、智利、哥斯达黎加、冰岛、老挝和秘鲁的制造品产业内贸易水平较低。

1. 资源型制造品

中国对瑞士、新加坡的产业内贸易水平较高(2017 年 GLI 指数>0.5),此外与韩国、泰国、马来西亚、越南和印度尼西亚的 GLI 指数在 0.1 以上,且有上升趋势。中国对其他主要 FTA 伙伴的产业内贸易水平很低(GLI 指数<0.1)。

2.低技术型制造品

中国对韩国、瑞士的产业内贸易水平较高(2017 年 GLI 指数接近 0.5),对巴基斯坦、越南和印度尼西亚的 GLI 指数在 0.1 以上且有上升趋势。虽然对新加坡、泰国和马来西亚的 GLI 指数>0.1,但近 20 年有显著下降趋势。中国与其他主要 FTA 伙伴的产业内贸易水平很低(GLI 指数<0.1)。

3.中技术型制造品

中国对韩国、泰国和马来西亚的产业内贸易水平较高(GLI 接近 0.5 且上升明显)。对印度尼西亚、菲律宾、越南和瑞士的 GLI 指数>0.1,对新加坡的产业内贸易水平明显下降。中国对其他主要 FTA 伙伴的产业内贸易水平很低(GLI 指数<0.1)。

4.高技术型制造品

中国对越南、新加坡和泰国的产业内贸易水平较高(GLI 指数>0.5)。中国对柬埔寨的产业内贸易水平有较快发展。对韩国、新西兰、瑞士和马来西亚的产业内贸易水平近 20 年里有明显下降,对澳大利亚、马来西亚和菲律宾的产业内贸易水平经历了先下降后上升的波动。中国对其他主要 FTA 伙伴的产业内贸易水平很低(GLI 指数<0.1)。

第二节　区域贸易协定的贸易结构效应实证
——基于反事实分析方法

与贸易伙伴签订区域贸易协定,是参与世界经济一体化进程的重要贸易政策。因此,评估 RTA 实施后对贸易的影响也被认为是对 RTA 政策处理效应的评估。近年来构建反事实框架的 PSM 分析方法是分析 RTA 政策处理效应较热门的实证方法。Baier 等(2009)采用匹配计量方法研究了 FTA 对贸易伙伴长期贸易流量的影响并得出:长期平均看,FTA 显著地增加了双边贸易流量,几乎是两倍。国内也有学者(李荣林等,2014;张恒龙等,2017;李凌等,2018)分析了 FTA 对中国、日本、印度等国家的贸易流量效应。本部分用 PSM 模型估计 FTA 的实施对中国贸易结构的影响。用该种方法不仅能解决常用引力模型的 FTA 内生性问题,而且从前文分析可知,中国与部分 FTA 伙伴产业内贸易水平有下降的趋势,用反事实的经验分析法可以从中判断出,如果没有 FTA 政策,双边产业内贸易水平是否会下降得更快,即 FTA 政策从一定程度上抑制了双边产业内贸易的发展。

一、PSM 模型的构建

用虚拟变量 FTA 代表两个国家是否签订 FTA,FTA＝1 表已签订 FTA,FTA＝0 表未签订 FTA。签订 FTA 的国家被称为处理组(FTA＝1),没有签订 FTA 的国家被视为控制组(FTA＝0)。本部分研究 FTA 对产业内贸易的影响,用 IIT_{cm} 表示中国的产业内贸易水平。则签订 FTA 组的平均处理效应(average treatment effect on the treated,ATT)为

$$ATT \equiv E(IIT_{cm}^1 - IIT_{cm}^0 / FTA=1)$$
$$= E(IIT_{cm}^1 / FTA=1) - E(IIT_{cm}^0 / FTA=1) \tag{5.6}$$

式中,$E(IIT_{cm}^0 / FTA=1)$ 表示假设中国不与 FTA 伙伴 m 签订 FTA 下的产业内贸易水平,这是不可观测的,是一个反事实的样本,数据是缺失的。因此,须构建一个反事实观测值来替代。

两个国家是否签订 FTA 取决于一系列可观测的协变量 x_i,则在给定 x_i 的情况下,处理变量 FTA 独立于 (IIT_{cm}^1, IIT_{cm}^0)(可忽略性假设,Rosenbaum et al.,1985)。Abadie 等(2006)提出了匹配估计量(matching estimators)的思想:找到属于控制组的个体 j,使得个体 j 与个体 i 的可测变量取值尽可能相似(匹配),$x_i \approx x_j$。基于可忽略性假设,则个体 i 与个体 j 共同进入处理组的概论相近,具有可比性,可以用控制组的 $E(IIT_{cm}^0 / FTA=0)$ 替代 $E(IIT_{cm}^0 / FTA=1)$。即可用 $ATT = E(IIT_{cm}^1 / FTA=1) - E(IIT_{cm}^0 / FTA=0)$ 来度量签订 FTA 对产业内贸易的平均处理效应。

因为 x_i 包括多个变量,为了避免高纬度空间匹配的数据稀疏问题,须将多维变量压缩到一维,定义函数 $f(x_i)$ 进行匹配。常见的有马氏匹配(Mahalanobis matching)和倾向得分匹配(propensity score matching)。马氏匹配用 x_i 与 x_j 之间的向量距离进行匹配,当 x_i 变量较多或样本容量不够大时,不容易找到好的匹配。统计学家 Rosenbaum 和 Rubin 提出“倾向得分”来度量距离,通过 Logit 或 probit 估计得出倾向得分值,按照处理组国家对与对照组国家之间倾向得分值的相近程度进行配对(Rosenbaum et al.,1985)。

二、PSM 计算 FTA 对产业内贸易的平均处理效应的步骤

第一步,选择协变量 x_i,估计倾向得分值。根据影响 FTA 建立的影响因素,选择经济、要素禀赋、地理、FDI 等因素作为协变量。然后使用 Logit 回归估计每个样本的倾向分值(与中国签订 FTA 的概率)。

第二步,根据倾向分值进行匹配。为处理组样本寻找一个或一组与其倾向分值最为相近的对照组样本。常见的倾向得分匹配方法有 K 近邻匹配(k-nearest neighbor matching)、卡尺匹配(caliper matching)、卡尺内近邻匹配(nearest neighbor matching with caliper)和核匹配(kernel matching)。K 近邻匹配是根据倾向得分值,寻找最近的 k 个控制组样本。卡尺匹配是限制倾向得分的绝对距离为 ε,将绝对距离小于 ε 的所有样本作为匹配组。卡尺内近邻匹配是在给定的卡尺 ε 范围内寻找最近匹配。核匹配是一种整体匹配法,即给控制组的所有样本根据距离赋予不同的权重 $\omega(i,j)$,并使用核函数来计算权重,该权重与处理组和控制组间的距离成反比。

第三步,根据匹配后的样本,计算每个对照组样本与其处理组样本之间的表现差距,通过加权平均计算处理组样本与对照组样本之间的总体差距。ATT 估计量的表达式为

$$\text{ATT} = \frac{1}{N_1} \sum_{i:\text{FTA}=1} (\text{IIT}_{cm} - \text{II}\,\hat{T}^0_{cm}) \tag{5.7}$$

三、变量选取及数据来源

Baier 等(2004)认为两国地理距离越近、与世界其他国家越远,则两国经济规模越大、经济规模相似性越高(寻求差异化产品时发展规模经济),资本劳动要素比差异越大时,与世界其他国家的要素禀赋差异越小,两国更容易结成 FTA。

根据 Baier 等(2004),Egger 等(2008a)等研究,结合中国数据样本的有限性,本部分选取经过众多经验研究验证有效的总经济规模、经济规模差异、地理距离、需求结构差异作为匹配的协变量。相关 GDP 数据来源于 World Bank 数据库,地理数据来自 CEPII 数据库。数据为 1998—2017 年的面板数据,选取 168 个中国贸易伙伴作为总样本,其中包括 19 个 FTA 贸易伙伴。各变量及计

算方法见表5-4。

表5-4 匹配变量说明

名称	变量	计算方法
总经济规模	$TGDP_{ijt}$	中国贸易伙伴 GDP 对数之和 $\ln GDP_i + \ln GDP_j$
经济规模差异	$DGDP_{ijt}$	根据 Balassa 等(1987),冯宗宪等(2017)的研究, $DGDP_{ijt} = \dfrac{1 + \omega\ln\omega + (1-\omega)\ln(1-\omega)}{\ln 2}$, 其中 $\omega = \dfrac{GDP_{jt}}{GDP_{jt} + GDP_{it}}$
地理距离	$DIST_{ij}$	中国与贸易伙伴地理距离的 Log 值:$\ln DIST$
需求结构差异 (要素禀赋差异)	$DPGDP_{ijt}$	中国与贸易伙伴人均 GDP 的差异:$\mid \ln PGDP_i - \ln PGDP_j \mid$ Egger 等(2011)也以人均 GDP 作为资本劳动比的代理变量

将全体样本按处理组和控制组分组显示其统计信息,见表5-5。

表5-5 协变量统计描述

变量	观察值个数	均值	标准差	最小值	最大值
TGDP	(380;2980)	(26.94;25.42)	(1.75;2.43)	(22.53;19.39)	(30.40;32.77)
DGDP	(380;2980)	(1.19;1.29)	(0.22;0.24)	(0.54;0.44)	(1.43;1.44)
DPGDP	(380;2980)	(1.51;1.33)	(0.92;0.91)	(0.01;0.002)	(3.76;4.39)
DIST	(380;2980)	(8.51;9.08)	(0.73;0.45)	(7.06;7.02)	(9.85;9.86)

注:括号内分号前后分别表示处理组样本和控制组样本。

四、PSM 实证过程与结果分析

本部分选用 Logit 模型估计倾向得分值,并选用 K 近邻匹配方法估计 FTA 对产业内/间贸易的影响。在选择 k 值时,根据匹配估计后的平衡检验和共同支撑假设检验,选择最优状 k 值。最后用核匹配和马氏匹配做稳健性检验。

(一)Logit 模型估计倾向得分值

表5-6 为 Logit 模型估计倾向得分的结果。贸易双方总经济规模、经济规模差异和地理距离三个变量均在 1% 的统计水平上显著,说明这几个变量是

影响 FTA 缔结的主要因素。当贸易双方总经济规模越大、经济规模差异越大、地理距离越近,缔结 FTA 的概率越大。需求结构差异影响不显著,因此在后面的匹配中删除此协变量。图 5－2 显示 Logit 模型拟合效果。ROC 曲线下方面积近 0.82,接近 1,可以认为拟合效果较好。

表 5－6　倾向得分(Logit 回归)结果

变量	系数	标准差	z	$p > |z|$	95％置信区间	
TGDP	1.164	0.090	12.93	0.000	0.987	1.340
DGDP	8.748	0.812	10.76	0.000	7.155	10.341
DIST	−2.066	0.151	−13.72	0.000	−2.361	−1.771
DPGDP	−0.124	0.113	−1.10	0.272	−0.346	0.098
_cons	−26.714	3.162	−8.45	0.000	−32.912	−20.516

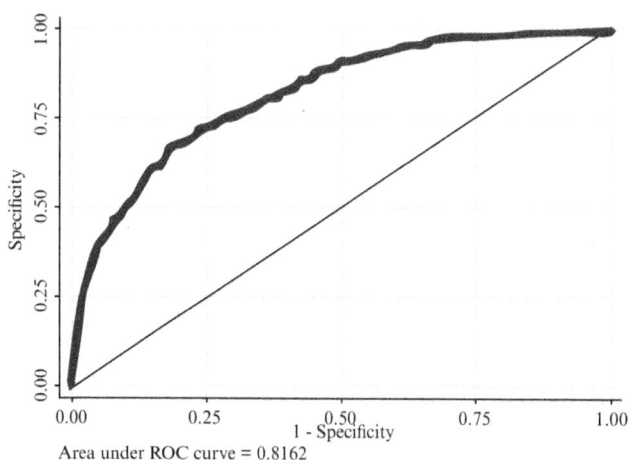

Area under ROC curve = 0.8162

图 5－2　Logit 拟合结果

(二)PSM 估计结果

本部分分别选用产业内贸易指数 GLI 指数、修正后产业内贸易指数 CGLI 指数、产业间贸易额 lnINTER 和产业内贸易额 lnINTRA 作为被解释变量,对 FTA 的实施效应进行 PSM 估计。由表 5－7 可知,匹配前估计的系数都普遍大于匹配估计后的系数,说明匹配处理在一定程度上减轻了 FTA 效应被高估的问题。

FTA 对 GLI 指数、lnINTER 和 lnINTRA 的处理组估计系数都是在 1％水平上显著,表示 FTA 的实施有效促进了中国与 FTA 贸易伙伴的产业内贸易水平。比较 lnINTER 和 lnINTRA 的估计值,后者的数值要远大于前者。因此,可以得出结论,中国已实施的 FTA 对中国贸易结构的影响更主要表现在促进规模经济和生产差异化相关的收益,促进产业内贸易份额的增长。当然,FTA 的实施也刺激了专业化的收益,一定程度上促进了产业间贸易份额的增长。

表 5-7　FTA 对产业内/产业间贸易的影响

匹配情况	GLI 指数		CGLI 指数		lnINTER		lnINTRA	
	系数	t 值	系数	t 值	系数	t 值	系数	t 值
匹配前	0.099	13.52	0.077	4.47	2.901	14.65	4.291	13.60
匹配后	0.055	4.04	0.031	1.51	0.494	3.11	1.543	4.59

(三)PSM 相关检验

只有同时满足匹配平衡假设和共同支撑假设,PSM 估计才是有效的。Rosenbaum 等(1985)指出当匹配变量标准化偏差的绝对值小于 20% 时才能通过匹配平衡检验。共同支撑假设又称为重叠假设,即处理组和控制组是否具有相近的倾向得分值,0.5 表示倾向得分值相同。

由表 5-8 可见,三个匹配变量的标准偏差均小于 20%,经过匹配后偏差降幅较大,而且 T 检验的结果不拒绝处理组和控制组无系统差异的原假设,因此通过匹配平衡检验。图 5-3 的 ROC 曲线下面积为 0.58,接近于 0.5,因此通过共同支撑假设检验。

表 5-8　匹配平衡检验(K 近邻匹配)

变量	处理组	控制组	标准偏差(%)	偏差降幅	$p > |t|$
TGDP	27.303	27.246	3.0	95.1	0.734
DGDP	1.269	1.260	3.9	65	0.649
DIST	8.420	8.353	11.5	88.7	0.359

(四)稳健性检验

本部分继续选择核匹配和马氏匹配估计方法进行稳健性检验。由表 5-9 可见,估计结果与 K 近邻匹配结果一致。FTA 的实施对中国与贸易伙伴的产业内贸易水平有显著影响,且对产业内贸易份额的影响要大于对产业间贸易份额的影响。

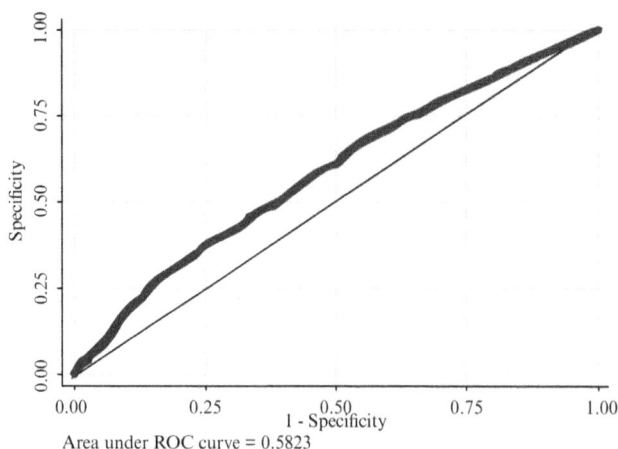

Area under ROC curve = 0.5823

图 5 - 3　共同支撑假设检验

表 5 - 9　稳健性检验

方法	GLI 指数		CGLI 指数		lnINTER		lnINTRA	
	系数	t 值	系数	t 值	系数	t 值	系数	t 值
核匹配	0.058	4.93	0.033	1.90	0.654	4.53	1.693	5.59
马氏匹配	0.108	6.99	0.048	1.97	0.562	2.90	2.168	5.58

　　由此可得出与前文理论分析一致的结论,即区域贸易协定不仅仅涉及关税减让和贸易便利化,还涉及资本流动、竞争政策、产业合作、技术人员交流等领域,为协定双方的产业合作提供更宽松、更有利的环境和条件,因此更有利于产业内贸易的发展。

第三节　FTA 对产业内贸易的异质性处理效应

一、FTA 对不同类型产业内贸易的处理效应

　　将三分位的产业内贸易数据(Greenaway et al.,1995)进一步划分为水平型产业内贸易(HIIT)和垂直型产业内贸易(VIIT),垂直型产业内贸易分为上垂直型产业内贸易(UVIIT)和下垂直型产业内贸易(DVIIT),同样采用反事实经验方法分析 FTA 政策对两种产业内贸易类型的影响,并分别采用 K 近邻匹配、核匹配和马氏匹配进行倾向得分估计,估计结果见表 5 - 10。可以看到系数值都是显著的,三种估计方法得到的结论基本一致。

表 5 - 10　FTA 对不同类型产业内贸易的影响

方法	HIIT		VIIT		UVIIT		DVIIT	
	系数	t 值	系数	t 值	系数	t 值	系数	t 值
匹配前	2.657	9.63	4.233	13.33	3.705	12.01	3.640	11.44
K 近邻匹配	1.389	3.96	1.557	4.44	1.655	4.94	1.471	4.08
核匹配	1.501	4.88	1.697	5.55	1.758	5.70	1.556	4.93
马氏匹配	2.489	5.82	2.098	5.44	2.194	5.44	2.302	5.74

FTA 政策对垂直型产业内贸易的影响要大于对水平型产业内贸易的影响。FTA 政策的实施对样本期间内中国垂直型产业内贸易的发展有积极有效的促进作用。

在垂直型产业内贸易内部,FTA 政策对上垂直型产业内贸易的影响要略大于下垂直型产业内贸易。根据前文分析,中国的上垂直型产业内贸易开始赶超下垂直型产业内贸易,FTA 政策对上垂直型产业内贸易的发展有不可忽视的贡献。

二、不同 FTA 伙伴类型对产业内贸易的处理效应

与中国缔结 FTA 的经济体中,新加坡、冰岛、瑞士、新西兰、韩国和澳大利亚属于发达经济体,其余属于发展中经济体。为了比较与不同经济发展水平贸易伙伴缔结 FTA 对产业内贸易的影响,此处将采用 PSM(K 近邻匹配)方法分别对两类 FTA 的处理效应进行估计。因为对一类 FTA 伙伴进行研究时,其他 FTA 伙伴都是控制组,为避免其他 FTA 伙伴被匹配为对照组,造成估计偏误,在进行一类 FTA 伙伴估计时,删除其他 FTA 伙伴样本。此处 PSM 估计均通过匹配平衡假设检验和共同支撑假设检验,略去结果。

从表 5 - 11 可见,与发展中经济体缔结 FTA 后,FTA 对双边 GLI 指数的影响系数为 0.065,对产业间贸易额的影响系数为 0.673,对产业内贸易额的影响系数为 1.724。因此,FTA 对中国与发展中经济体的双边产业间贸易和产业内贸易都产生了积极影响,且对产业内贸易的影响要大于对产业间贸易的影响。与发达经济体缔结 FTA 后,FTA 对双边 GLI 指数的影响系数为 0.107,

对产业内贸易额的影响系数为 2.314,而对产业间贸易额的影响不显著。可见中国与发达经济体缔结 FTA,主要促进了产业内贸易的发展,对产业间贸易影响不显著。两类 FTA 相比较,中国与发达经济体缔结 FTA 更能带来规模经济,进一步差异化生产,促进产业内贸易的发展。

表 5-11　分类 FTA 的处理效应

FTA 类型	GLI 指数		CGLI 指数		lnINTER		lnINTRA	
	系数	t 值	系数	t 值	系数	t 值	系数	t 值
中国—发展中经济体 FTA	0.065	5.03	0.048	2.38	0.673	3.86	1.724	4.81
中国—发达经济体 FTA	0.107	2.73	0.077	1.41	0.302	0.89	2.314	3.63

三、FTA 对不同制造品行业产业内贸易异质性的处理效应

此处将 SITC 三位码的制造品产品样本分为资源型制成品、低技术含量制成品、中等技术含量制成品和高等技术含量制成品四类,分别进行 PSM(K 近邻匹配)估计,得到表 5-12。从贸易额看,FTA 实施对中国各类制造品的产业内贸易额和产业间贸易额增长都起到了积极显著的推动作用。相比较而言,FTA 对制造品产业内贸易的推动作用要大于产业间贸易。其中,对资源型制造品、中技术型和高技术型制造品的产业内贸易的促进效应较大,对低技术型制造品的产业内贸易促进最小。但是从衡量产业内贸易水平的 GLI 指数看,FTA 实施仅对中技术型和高技术型制造品的 GLI 指数有显著的积极作用,且高技术型制造品的系数要大于中技术型制造品。而对其他两类制造品的促进作用为正,但是不显著。可见,中国 FTA 战略的实施有效地推动了中、高技术型制造品的产业内贸易水平提高。

表 5-12　分行业的 FTA 处理效应

分类	GLI 指数		lnINTER		lnINTRA	
	系数	t 值	系数	t 值	系数	t 值
资源型制造品	0.020	1.29	0.914	4.91	1.607	5.01
低技术型制造品	0.008	0.62	0.495	2.93	0.693	2.22
中技术型制造品	0.046	2.94	0.315	1.94	1.340	4.44
高技术型制造品	0.108	5.61	0.578	3.12	1.221	2.68

四、FTA 条款深度对产业内贸易异质性的处理效应

根据第四章的计算,表 5-13 显示了目前中国已实施 FTA 的条款深度。因为不是所有的 FTA 条款与贸易都有紧密的联系,在此又计算了核心条款深度。核心条款是指与经济效应更相关的条款领域,包括所有的"WTO+"条款和 4 项"WTO-X"条款:竞争政策、投资、资本流动和其他知识产权协议(Damuri,2012)。表 5-13 为中国各 FTA 的全条款深度和核心条款深度。部分 FTA 的核心条款深度与全条款深度相同(中国—东盟 FTA、中国—巴基斯坦 FTA),部分协议的核心条款深度与全条款深度相差不大(中国—秘鲁 FTA、中国—哥斯达黎加 FTA、中国—澳大利亚 FTA、中国—格鲁吉亚 FTA、中国—瑞士 FTA 等)。也有部分协议两者有一定差异(中国—智利 FTA、中国—新西兰 FTA、中国—新加坡 FTA、中国—韩国 FTA),说明这些 FTA 的协议包含内容更加广泛,除了与贸易经济相关的项目,还涉及其他领域。

表 5-13 中国 FTA 条款的深度

FTA	WTO+ 条款	WTO-X 条款	全条款总深度	核心条款深度	FTA	WTO+ 条款	WTO-X 条款	全条款总深度	核心条款深度
中国—东盟 FTA	8	0	8	8	中国—秘鲁 FTA	24	4	28	26
中国—智利 FTA	16	12	28	18	中国—哥斯达黎加 FTA	20	7	27	26
中国—巴基斯坦 FTA	15	4	19	19	中国—冰岛 FTA	22	10	32	27
中国—新西兰 FTA	26	13	39	30	中国—瑞士 FTA	21	9	30	26
中国—新加坡 FTA	20	8	28	22	中国—韩国 FTA	24	13	37	30
					中国—澳大利亚 FTA	20	7	27	25

资料来源:根据 Hofmann 等(2017)数据以及笔者计算整理。

根据中国实施的 FTA 核心条款深度,取深度范围(8,30)的中位数 20,本部分将处理组样本的 FTA 分为两类:核心条款深度低于 20,为浅层 FTA;核心条款深度大于 20,为深度 FTA。浅层 FTA 在"WTO-X"条款上涉及较少,则属于浅层 FTA 的有中国—东盟 FTA、中国—巴基斯坦 FTA 和中国—智利

FTA;属于深度 FTA 的有中国—新加坡 FTA、中国—秘鲁 FTA、中国—哥斯达黎加 FTA、中国—新西兰 FTA、中国—冰岛 FTA、中国—瑞士 FTA 和中国—韩国 FTA。实证处理时,分别删去另一类的处理组样本,用同样的控制组样本,同样做匹配估计后得到表 5-14,估计结果分析如下。

表 5-14　不同深度 FTA 对贸易结构的处理效应

FTA 分类	GLI 指数		lnINTER		lnINTRA		HIIT		VIIT	
	系数	t 值	系数	t 值	系数	t 值	系数	t 值	系数	t 值
浅层 FTA	0.059	4.22	0.524	2.52	1.566	3.8	1.820	4.46	1.399	3.42
深度 FTA	0.090	2.98	0.383	1.46	2.426	4.44	1.206	2.00	2.091	3.99

第一,从 GLI 指数和产业内贸易额的估计系数结果看,深度 FTA 的影响都大于浅层 FTA。从产业间贸易额(lnINTER)和产业内贸易(lnINTRA)看,深度 FTA 对 lnINTER 的系数为正,但不显著,对 lnINTRA 的影响系数大于浅层 FTA 的影响系数,即深度 FTA 对产业内贸易的促进作用更显著。

第二,从产业内贸易细分的比较来看,浅层 FTA 对水平型产业内贸易(HIIT)的影响更大,而深度 FTA 对垂直型产业内贸易(VIIT)的影响更大。且深度 FTA 对垂直型产业内贸易(VIIT)的影响显著大于浅层 FTA 对 VIIT 的影响。

该实证结果与第三章理论机制的研究结论一致:浅层 FTA 主要关注降低关税,推动贸易便利化,增加了可贸易产品的差异化程度。同时,贸易成本下降,更有利于双方发挥比较优势,扩大生产,实现内部规模经济。在消费者需求偏好多样化的前提下,浅层 FTA 对水平型产业内贸易的影响更大。而深度 FTA 更多地涉及放宽资本流动限制,降低 FDI 成本,促进外商直接投资;深度 FTA 还涉及各领域的技术合作、技术交流,有利于技术落后的成员获取技术领先成员的高端技术。因此深度 FTA 对垂直型产业内贸易的影响更大。

继续对不同制成品部门进行分类估计,得到表 5-15。FTA 对产业内贸易额和代表产业内贸易水平的 GLI 指数的处理效果是基本一致的。浅层 FTA 对低技术、中技术和高技术型制造品的产业内贸易的促进效应均显著,深度 FTA 对资源型和中、高技术型制造品的产业内贸易促进效应显著,对低技术型制造品的产业内贸易无促进作用。中国 FTA 战略尤其是深度 FTA 的实施有效推动了资源型制造品和中、高技术型制造品产业内贸易水平的提高。从估计系数的数值比较看,深度 FTA 对制造品的促进效应大小依次为:高技术型制造品＞资源型制造品＞中技术型制造品,浅层 FTA 对制造品的促进效应大小依次为:高技术型制造品＞中技术型制造品＞低技术型制造品。但是在中高制造品部门内部,浅层 FTA 的系数仍大于深度 FTA 的系数,可见深度 FTA 协议的效应还未得到充分发挥。

表 5 - 15　分制造品部门的不同深度 FTA 的处理效应

制造品分类	FTA 分类	GLI 指数		lnINTRA	
		系数	t 值	系数	t 值
资源型制造品	浅层 FTA	−0.024	1.661.0	1.01	2.7
	深度 FTA	0.134	3.46	1.859	3.52
低技术型制造品	浅层 FTA	0.038	3.04	1.28	3.4
	深度 FTA	0.032	1.28	1.009	1.99
中技术型制造品	浅层 FTA	0.051	2.84	1.431	3.86
	深度 FTA	0.060	2.39	1.055	2.2
高技术型制造品	浅层 FTA	0.097	4.6	2.577	4.22
	深度 FTA	0.158	3.7	1.883	2.87

第四节　本章小结

自由贸易区协定(FTA)签订实施后,成员间贸易限制减少,贸易交易成本下降,更多的企业加入出口行列,从而使可贸易产品的差异化程度上升。同时,产业内从事出口的企业增多,信息搜集等相关成本会进一步下降,也进一步促进了外部规模经济的发展。在需求偏好多样化的前提下,规模经济和产品差异化程度增加将促进水平型产业内贸易产生。另外,深度 FTA 涉及的领域更广,包括放宽资本流动限制,促进外商直接投资。当 FDI 成本和贸易成本降低的情况下,垂直型产业内贸易会增加。

中国是名副其实的贸易大国,但是与世界其他贸易大国相比,产业内贸易水平还很低。进一步计算中国对 FTA 贸易伙伴的产业内/间贸易情况,发现从产业内贸易金额看,除文莱、冰岛外,中国与大多数 FTA 贸易伙伴的产业内贸易规模较大;中国对大多数 FTA 贸易伙伴的产业内贸易规模均实现了较大的增长。计算制成品 GLI 指数可见,中国对新加坡、越南、瑞士、泰国、印度尼西亚、马来西亚、韩国与澳大利亚的制造品产业内贸易水平较高,对文莱、缅甸、智利、哥斯达黎加、冰岛、老挝和秘鲁的制造品产业内贸易水平较低。

PSM 实证分析得出,中国已实施的 FTA 对中国贸易结构的影响更多地表现在促进规模经济和生产差异化相关的收益,促进产业内贸易份额的增长。当然,FTA 实施也刺激了专业化的收益,一定程度上促进了产业间贸易份额的增长。FTA 政策对垂直型产业内贸易的影响要大于水平型产业内贸易。在垂直型产业内贸易内部,FTA 政策对上垂直型产业内贸易的影响要略大于下垂直型产业内贸易。中国与发达经济体缔结 FTA 更能带来规模经济,进一步差异化生产,促进产业内贸易的发展。对制造品分行业估计看,FTA 战略的实施有效推动了中、高技术型制造品的产业内贸易水平提高。考虑 FTA 文本条款的深度,实证结果证明,深度 FTA 对产业内贸易的影响更大,且对垂直型产业内贸易的影响大于水平型产业内贸易,而浅层 FTA 则对水平型产业内贸易的影响更大。

第六章 区域贸易协定与
贸易出口边际增长

异质性企业贸易理论发展以来,贸易增长被进一步分解为集约边际和扩展边际的增长,集约边际又是数量边际和价格边际的乘积。第三章的理论机制表明,RTA 签订实施后,通过降低贸易可变成本、贸易固定成本影响出口贸易的集约边际和价格边际。本章基于中国出口 FTA 伙伴贸易出口边际的数据分析,在扩展引力模型框架下,检验 FTA 对中国贸易出口边际的影响,并从 FTA 深度、不同 FTA 伙伴、制造品分类等方面论证区域贸易协定贸易边际效应的异质性。

第一节 贸易边际的测定

一、三元边际测度及数据来源

(一)三元边际测度框架

对于贸易边际的分解与计算,有多种思路方法。有学者用某个国家企业层面的数据计算企业的扩展边际和集约边际,例如 Trefler(2004)研究了加拿大和美国企业,Pavcnik(2002)研究了印度企业。Hummels 和 Klenow 首次提出可以基于贸易数据来计算贸易三元边际的公式(HK 分解模型),用各国出口的产品数据来分解计算贸易边际,从数据可得性和操作性上来讲是一个不错的方法,因此被较多学者借鉴使用(Hummels et al.,2005)。

HK 分解模型基本假设:m 国的消费者从众多 j 国购买 l 类可观察的产品种类。产品之间有差异性,各国生产的同种产品有差异性。产品的替代弹性 $\sigma > 1$。消费者最大化效用为

$$U_m = \left[\sum_{j=1}^{J} \sum_{i=1}^{I} Q_{jmi} N_{jmi} x_{jmi}^{1-\frac{1}{\sigma}} \right]^{\frac{\sigma}{\sigma-1}}, \sum_{j=1}^{J} \sum_{i=1}^{I} N_{jmi} p_{jmi} x_{jmi} \leqslant Y_m \qquad (6.1)$$

其中，Q_{jmi} 是 j 国出口到 m 国的各类产品 i 的质量；N_{jmi} 是 j 国出口 m 国的产品 i 对称性产品的种类；x_{jmi} 是 j 国出口到 m 国每种 i 产品的数量；p_{jmi} 是每单位产品的价格。如果 m 国不购买 j 国的产品 i（j 国不生产 i），则 $x_{jmi}=0$，$N_{jmi}=0$。Y_m 是 m 国的收入。

当 j 国出口到 m 国的货物是 k 国出口到 m 国的子集，扩展边际为

$$EM_{jm} = \frac{\sum_{i \in I_{jm}} p_{kmi} x_{kmi}}{\sum_{i \in I_{km}} p_{kmi} x_{kmi}} \qquad (6.2)$$

式中，p 代表商品的价格，x 代表商品的数量，j、m、k 分别代表出口国、进口国和参考国。I_{jm} 是可观察的 j 国出口到 m 国的产品种类，$x_{jmi}>0$。参考国 k 向 m 国出口所有的产品种类 I_{km}（k 国为世界其他国家，即出口到 m 国的 j 国以外的所有国家）。EM_{jm} 为 j 国出口到 m 国的产品种类 I_{jm} 相对于 k 国出口到 m 国的所有产品种类 I_{km} 的比率。扩展边际 EM_{jm} 可以理解为 j 国的出口产品种类相对于 k 国的出口产品种类的比率。一般而言，产品种类是按其相对于 k 国出口到 m 国的比率来给权重的，不用 j 国的出口来给权重是因为避免只有 j 国大量出口某种产品到 m 时，使得该产品的数据影响结果。从经济学含义上看，扩展边际实际上表示了 j 国与世界其他国出口到 m 国重叠商品贸易量占世界其他国总贸易量的比率，这一指标越大，说明重合程度越高，从而说明 j 国在更多商品上实现了出口，从而产品广度越大。相应的集约边际为

$$IM_{jm} = \frac{\sum_{i \in I_{jm}} p_{jmi} x_{jmi}}{\sum_{i \in I_{jm}} p_{rmi} x_{rmi}} \qquad (6.3)$$

式中，IM_{jm} 等于 j 国出口到 m 国的产品种类 I_{jm} 中，j 国名义出口金额相对于 k 国名义出口金额的比率。集约边际表示在重合商品出口中，j 国出口占世界其他国总出口的比率，这一指标越大，说明在相同商品上 j 国实现了更多的出口，从而产品深度越大。

j 国出口到 m 国与 k 国出口到 m 国的比率等于两个边际的乘积：

$$\frac{\sum_{i=1}^{I} p_{jmi} x_{jmi}}{\sum_{i=1}^{I} p_{kmi} x_{kmi}} = \mathrm{IM}_{jm} \mathrm{EM}_{jm}$$

假设质量和产品品种内部的差异在不同的进口国是不同的,对于不同的出口国是相同的,Feenstra(1994)得出一个价格指数:

$$P_{jm} = \prod_{i \in jm} \left(\frac{p_{jmi}}{p_{kmi}} \right)^{w_{jmr}} \tag{6.4}$$

式中,P_{jm} 代表出口产品的价格边际;p_{jmi} 表示 j 国对 m 国出口商品的价格;p_{kmi} 表示世界对 m 国出口商品的平均价格;w_{jmr} 表示 j 国出口商品的权重,可通过下式计算可得

$$w_{jmi} = \frac{\dfrac{s_{jmi} - S_{kmi}}{\ln s_{jmi} - \ln S_{kmi}}}{\sum_{i \in I_{jm}} \dfrac{s_{jmi} - S_{kmi}}{\ln s_{jmi} - \ln S_{kmi}}},$$

s_{jmi},s_{kmi} 分别表示 i 种商品出口占 j 国和 k 国的比率,具体有

$$s_{jmi} = \frac{p_{jmi} x_{jmi}}{\sum_{i \in I_{jm}} p_{jmi} x_{jmi}}$$

$$s_{kmi} = \frac{p_{kmi} x_{kmi}}{\sum_{i \in I_{jm}} p_{kmi} x_{kmi}}$$

同时,HK 集约边际可以由价格指数(边际)和数量指数(边际)计算得到(Hammels et al.,2005)。

$$\mathrm{IM}_{jm} = P_{jm} \times Q_{jm} \tag{6.5}$$

从以上分解可以看出,扩展边际衡量的是 i 国出口到 j 国产品种类的多样化程度,集约边际衡量的是在同类需求产品上 j 国对 i 国的依赖程度,价格边际衡量的是 i 国出口 j 国的产品价格与世界平均价格的比较。

本部分将运用上述公式来计算中国与 FTA 伙伴的贸易三元边际分解。式(6.2)中,分子是世界出口与中国出口到所有 FTA 伙伴的重合商品(中国出口到 FTA 伙伴的商品种类)中每种商品的世界出口金额加总,分母是世界出口到 FTA 伙伴的所有商品的金额加总。式(6.2)中,分子是中国出口到所有 FTA 伙伴的每一种商品的金额加总,分母是世界出口到 FTA 伙伴的所有商品的金额加总。式(6.3)中,括号内分子是中国出口到所有 FTA 伙伴的某种商

品价格的平均价格,分母是世界出口到 FTA 伙伴的某种商品的平均价格,括号外是中国出口该种商品的权重。

在计算价格边际时,先计算 s_{jmi} 和 s_{kmi},分别表示 i 种商品中国出口和世界出口所占比重,再计算 w_{jmr},即中国出口该种商品的权重,以此计算价格边际,最后计算数量边际。

（二）数据来源与数据处理

本部分使用的是 CEPⅡ-BACI 数据库中 1998—2017 年 HS6 分位商品贸易的数据。在样本时间区间内,中国一共实施了 10 个 FTA,涉及的 FTA 成员有文莱、缅甸、柬埔寨、印度尼西亚、老挝、马来西亚、菲律宾、新加坡、越南、泰国、智利、巴基斯坦、新西兰、哥斯达黎加、秘鲁、冰岛、瑞士、韩国和澳大利亚,一共 19 个贸易伙伴。表 6-1 显示了中国与各贸易伙伴签署 FTA 的时间。

表 6-1　中国与各贸易伙伴签署 FTA 的时间

年份	贸易伙伴	年份	贸易伙伴
2005	文莱、缅甸、柬埔寨、印度尼西亚、老挝、马来西亚、菲律宾、新加坡、越南、泰国	2010	秘鲁
		2011	哥斯达黎加
2006	智利	2014	冰岛、瑞士
2007	巴基斯坦	2015	韩国、澳大利亚
2008	新西兰		

资料来源:中国自由贸易区网。

根据式(6.1)—式(6.4),本部分从 CEPⅡ-BACI 数据库中筛选出 1998—2017 年中国对 19 个 FTA 伙伴以及其他非 FTA 贸易伙伴的 HS6 分位编码 S 类产品的出口金额和数量、世界全部国家对这些国家出口的产品金额和数量,以及 S 类产品的出口金额和数量,并用 STATA 软件进行统计计算。

二、中国出口 FTA 伙伴的三元边际特征

本部分主要分析中国出口 FTA 伙伴和非 TTA 伙伴整体的三元边际特征,以期得出中国对 FTA 伙伴的出口特征;接下来对具体的 FTA 伙伴进行分析,以期得出更具体的结论。

（一）中国对 RTA 伙伴总体出口的三元边际

CEPⅡ-BACI 数据库统计了中国对所有贸易伙伴的 HS6 分位产品的出

口,根据本书研究对象,本部分将中国出口目的市场分为 FTA 贸易伙伴和非 FTA 贸易伙伴,根据 1998—2017 年加入的 FTA 伙伴情况,分别计算每年中国对 FTA 伙伴总体出口的三元边际。从表 6-2 可以看出,整体而言,中国对 FTA 成员出口的扩展边际和集约边际都有所增长,但是集约边际增长更为迅速,仍然是"以量取胜";集约边际中,虽然价格增长也很明显,但数量边际增长作用仍是决定性的。

表 6-2　1998—2017 年中国出口 FTA 伙伴的总体贸易边际

年份	扩展边际	集约边际			年份	扩展边际	集约边际		
		总体	价格边际	数量边际			总体	价格边际	数量边际
2005	0.990	0.219	0.836	0.262	2012	0.998	0.240	0.842	0.285
2006	0.997	0.227	0.859	0.264	2013	0.998	0.249	0.853	0.292
2007	0.996	0.232	0.853	0.272	2014	0.993	0.263	0.862	0.305
2008	0.997	0.221	0.903	0.245	2015	0.999	0.266	0.800	0.333
2009	0.996	0.236	1.011	0.233	2016	0.997	0.252	0.857	0.294
2010	0.997	0.232	0.987	0.235	2017	0.998	0.251	0.877	0.286
2011	0.996	0.226	0.823	0.275	增长率	0.8/%	14.6/%	4.9/%	9.2/%

数据来源:根据 CEPⅡ-BACI 数据库计算得到。

值得注意的是,中国出口 FTA 伙伴的价格边际也明显高于非 FTA 伙伴。以 2017 年为例,中国出口 FTA 伙伴整体的价格边际(0.877)比非 FTA 成员国(0.716)高 22.5%(见表 6-3)。

表 6-3　典型年份中国出口 FTA 伙伴与非 FTA 贸易伙伴贸易边际

年份	FTA 贸易伙伴				非 FTA 贸易伙伴			
	扩展边际	集约边际			扩展边际	集约边际		
		总体	价格边际	数量边际		总体	价格边际	数量边际
1998	0.976	0.123	0.663	0.186	0.976	0.039	0.617	0.063
2017	0.998	0.251	0.877	0.286	0.994	0.126	0.716	0.176

数据来源:根据 CEPⅡ-BACI 数据库计算得到。

本部分分别计算了 1998—1999 年和 2016—2017 年中国出口 19 个 FTA 伙伴的贸易边际的平均值以及变化率,如表 6-4 所示。2016—2017 年,中国出口的扩展边际均较大,中国出口部分贸易伙伴的商品种类较丰富,这些贸易伙伴进口中国产品的种类与从世界其他国家进口的种类相比,除个别国家以外,比率都达到 75% 以上。从集约边际看,柬埔寨对中国同类产品的进口额要高于从世界其他国家的进口,对中国产品的依赖很深。中国出口冰岛、瑞士的集约边际很小,这两个国家对中国产品需求较小。从价格边际看,中国出口 FTA 伙伴的产品价格边际均在 0.8 以上。其中出口老挝、马来西亚、巴基斯坦、新加坡的价格边际大于等于 1,说明中国出口这几个地区的产品平均价格水平高于世界其他国家,一定程度上可认为出口这几个地区的产品质量较高。从纵向比较来看,贸易伙伴的扩展边际和集约边际都有提高,尤其是集约边际,增长率大部分达到 100% 以上,而且除冰岛以外,其他贸易伙伴的集约边际增长率都超过扩展边际增长率。集约边际中,数量边际的增长率都远超过价格边际。扩展边际和集约边际增长最快的是文莱,价格边际增长最快的也是文莱,数量边际增长最快的是哥斯达黎加。

表 6-4 典型时间区间中国出口 FTA 伙伴的贸易边际

贸易伙伴	1998—1999 年				2016—2017 年				增长率/%			
	扩展边际	集约边际			扩展边际	集约边际			扩展边际	集约边际		
		整体	价格	数量		整体	价格	数量		整体	价格	数量
澳大利亚	0.81	0.08	0.67	0.12	0.87	0.36	0.91	0.39	8.39	327.52	36.01	214.71
文莱	0.15	0.04	0.47	0.08	0.68	0.37	0.92	0.41	338.85	892.13	96.49	400.49
缅甸	0.56	0.54	0.93	0.57	0.92	0.66	0.98	0.67	64.69	22.10	5.11	17.79
柬埔寨	0.68	0.18	0.84	0.21	0.70	0.81	0.97	0.86	1.78	361.75	15.51	307.82
智利	0.51	0.10	0.69	0.14	0.78	0.41	0.94	0.44	53.94	329.20	35.02	217.59
哥斯达黎加	0.40	0.04	0.78	0.05	0.72	0.24	0.82	0.29	80.60	573.61	5.43	533.25
冰岛	0.28	0.05	0.76	0.07	0.65	0.10	0.97	0.11	131.26	96.79	27.24	54.32
印度尼西亚	0.79	0.06	0.71	0.09	0.83	0.35	0.86	0.41	5.44	454.14	21.91	351.88

续表

贸易伙伴	1998—1999 年				2016—2017 年				增长率/%			
	扩展边际	集约边际			扩展边际	集约边际			扩展边际	集约边际		
		整体	价格	数量		整体	价格	数量		整体	价格	数量
韩国	0.81	0.10	0.67	0.16	0.93	0.29	0.82	0.35	14.77	178.80	22.38	127.61
老挝	0.31	0.36	0.92	0.39	0.82	1.46	1.02	1.56	167.23	305.99	10.48	297.97
马来西亚	0.87	0.04	0.76	0.06	0.90	0.28	1.06	0.26	4.33	564.03	38.68	377.46
新西兰	0.59	0.09	0.77	0.12	0.88	0.29	0.94	0.31	47.49	212.15	22.37	157.12
巴基斯坦	0.49	0.20	0.89	0.23	0.75	0.78	1.00	0.79	54.94	290.32	13.20	243.15
秘鲁	0.45	0.07	0.67	0.10	0.79	0.37	0.83	0.45	75.11	457.12	22.86	353.67
菲律宾	0.75	0.07	0.67	0.10	0.89	0.30	0.83	0.37	18.47	348.59	22.56	265.99
新加坡	0.92	0.06	0.83	0.07	0.95	0.18	1.03	0.18	3.42	229.45	23.60	167.57
越南	0.75	0.17	0.78	0.19	0.87	0.56	0.98	0.54	15.78	225.04	26.30	157.53
瑞士	0.60	0.02	0.69	0.04	0.87	0.06	0.82	0.07	44.09	129.54	19.59	91.63
泰国	0.79	0.06	0.69	0.08	0.84	0.36	0.87	0.41	6.29	538.19	25.94	395.96

数据来源：根据 CEPⅡ-BACI 数据库计算得到。

（二）中国对单个 FTA 伙伴出口的三元边际比较

整体而言，中国出口各 FTA 伙伴的集约边际增长较扩展边际显著。下面以中国—东盟 FTA 和中国—哥斯达黎加 FTA 为例展开分析和比较。

1. 中国—东盟 FTA

中国出口东盟的扩展边际变化不大，集约边际上升趋势明显，价格边际在波动中上升，2010 年达到区间内最高值。1998—2017 年，集约边际、扩展边际、价格边际和数量分别上涨 372%、4%、41% 和 235%。中国—东盟 FTA 在 2005 年实施后，集约边际和价格边际都呈现上升趋势（见图 6-1）。

东盟内部，中国对不同国家出口的特征有差别。从集约边际看，中国对缅甸和越南的出口集约边际大于 0.5，但 1998—2017 年中国对文莱、泰国、印尼、马来西亚的集约边际增长率最大，分别达到 845.61%、669.67%、529.58% 和 564.037%；从扩展边际看，中国对文莱出口扩展边际较小，但 1998—2017 年其增长率最大达到 338.851%。此外，中国对老挝的出口扩展边际增长率也较

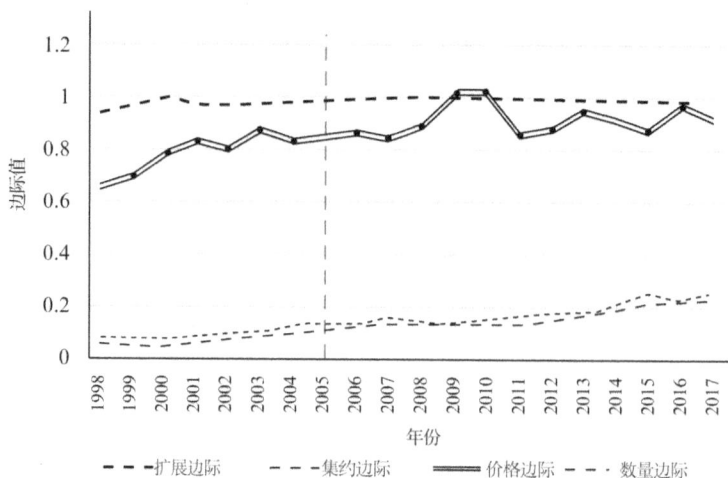

图 6-1　中国出口东盟贸易边际

数据来源：根据 CEPⅡ-BACI 数据库计算得到。

大，达到 167.23%；1998—2017 年，中国对部分东盟国家（缅甸、柬埔寨、老挝、菲律宾、越南）的出口集约边际经历先下降后上升的过程。从价格边际看，2016 年中国对柬埔寨、老挝、马来西亚、新加坡和越南出口的价格边际大于 1，说明中国出口这些地区的价格高于世界价格，2017 年略有下降，但出口马来西亚的价格边际仍大于 1；中国对文莱出口的价格边际增长率最高，达到 96.49%，中国对缅甸和老挝出口的价格边际变化较平稳，波动不大。

2. 中国—哥斯达黎加 FTA

中国出口哥斯达黎加的扩展边际远大于集约边际，集约边际上升趋势稳定，而扩展边际则在 2014 年有明显波动，价格边际上下波动较大，总体上升趋势不显著（见图 6-2）。从 1998 年到 2017 年，集约边际、扩展边际、价格边际和数量边际分别上涨 573.61%、80.63%、5.43% 和 533.25%。中国—哥斯达黎加 FTA 在 2011 年实施后，集约边际和价格边际都出现先略微下降后上升的变化。

三、中国出口 FTA 伙伴的新产品边际

Kehoe(2013)从另一个角度分析了一国出口的扩展边际，提出新产品边际和"最少贸易产品"的概念。Kehoe 对美国—加拿大 FTA、北美 FTA 以及 EU 成立前后的双边贸易进行了考察，发现贸易壁垒降低之后，自由化前贸易最少

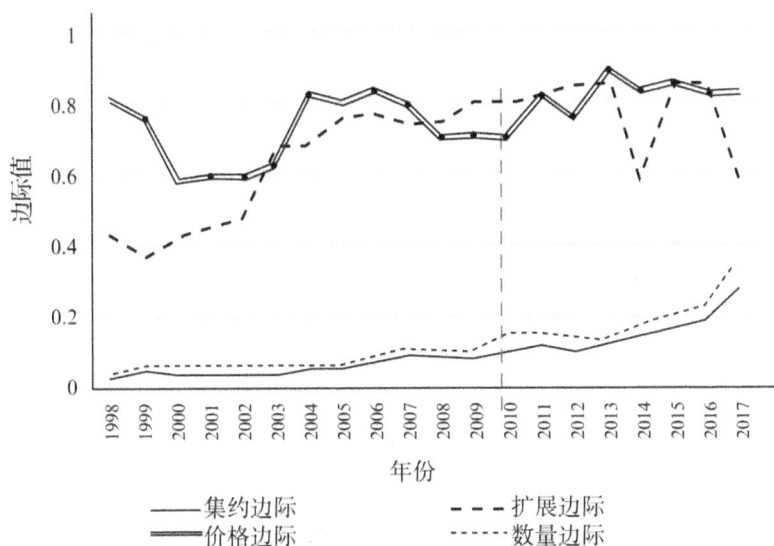

图 6-2　中国出口哥斯达黎加贸易边际

数据来源:根据 CEPⅡ-BACI 数据库计算得到。

的商品占了更大的贸易份额。即贸易壁垒的降低带来曾经无贸易产品的贸易增长(新产品边际)和贸易量最少商品的贸易量增长,而且这部分贸易增量对总贸易量的增长起到非常重要的作用。本部分参考 Kehoe(2013)的方法,对中国出口 FTA 伙伴的新产品和"最少贸易产品"边际进行测算。

首先,根据 BACI-CEPII 数据库 HS6 分位下的贸易数据,筛选出样本期第一年(1998)中国出口世界一共有 5030 种产品。然后,对比中国对每一个 FTA 贸易伙伴的 HS6 分位出口数据,根据产品的贸易额从小到大将 HS 代码排序(包括当年没有发生出口的产品)。最后,将排序的代码下的商品贸易额进行累加,直到形成代表总出口量 1/10 的集合。即第一个集合从贸易额最小的代码开始,通过向集合中添加产品,直到这些产品的贸易额达到总贸易额的 1/10,该组包括大量微量出口产品部门,也包括所有贸易量为 0 的产品部门。第二组是剩下的产品代码,从最小贸易额的产品开始添加,直到该集合内产品的贸易额达到总贸易额的 1/10。一共构建 10 个集合,第一组由出口值最少的代码的产品组成。为了创建恰好占总贸易额 10% 的集合,一些 HS6 代码被拆分。我们将添加到集合中的最后一个代码进行拆分,使集合正好占交易量的 10%,并且该代码的剩余值构成下一个集合的开始。因此,一个集合可以由非整数个代码组成。

（一）新产品变化情况

根据样本期,此处所指的新产品是指中国在 2017 年出口且在 1998 年没有出口到某个 FTA 伙伴的产品。根据上文统计归类的方法,新产品其实包括两类,一类是在 1998 年中国对世界出口的 5030 种产品中,当年中国没有对该 FTA 贸易伙伴出口,但到 2017 年,该产品已经有贸易量,用新产品 A 表示,另一类新产品是在 1998 年时,中国未对世界出口,即不在 5030 种代码范围内,而 2017 年对某个 FTA 贸易伙伴有出口量,用新产品 B 表示。本部分计算了中国对东盟等 11 个 FTA 贸易伙伴的出口新产品变化(见表 6 - 5)。

表 6 - 5　样本期内中国出口 FTA 贸易伙伴新产品变化情况

贸易伙伴	新产品 A			新产品 B		新产品汇总	
	种类/种	占原零贸易种类比率/%	金额占比/%	种类/种	金额占比/%	种类/种	金额占比/%
东盟	443	66.82	1.34	27	0.052	470	1.392
智利	1581	52.93	18.62	5	0.014	785	9.914
巴基斯坦	1782	52.18	35.85	3	0.001	1785	35.851
新西兰	1398	48.80	11.4	7	0.007	1405	11.407
新加坡	817	52.91	2.47	14	0.004	831	2.474
秘鲁	1799	52.48	25.40	3	0.003	1802	25.403
哥斯达黎加	1360	33.15	51.25	1	0.001	1361	51.251
冰岛	1257	30.12	24.81	0	0	1257	24.81
瑞士	1700	53.44	6.53	8	0.001	1708	6.531
韩国	1030	63.70	9.96	13	0.016	1043	9.976
澳大利亚	990	53.54	4.09	13	0.036	1003	4.126

数据来源:根据 BACI-CEPII 数据库计算得到。

样本期内,中国出口 FTA 伙伴的产品种类增长较快。出口大部分国家新产品 A 的种类都占原零贸易种类的 50% 以上,其中出口东盟和韩国新产品种类占到 66.82% 和 63.70%,份额增长最小的是哥斯达黎加,也占到 33.15%。从新产品出口额看,中国出口哥斯达黎加、巴基斯坦、秘鲁和冰岛的新产品 A 出口额占当年出口总额的比重较大,分别为 51.25%、35.85%、25.40% 和

24.81%。综合而言,中国出口巴基斯坦和秘鲁的新产品种类和出口金额都增加较快。新产品 B 的种类增加和贸易额占比均较低。

（二）分组贸易产品变化情况

根据 FTA 实施的时间顺序,以下只列举分析中国—东盟 FTA、中国—哥斯达黎加 FTA(其他详见附图 1—附图 22)。

1. 中国—东盟 FTA

图 6.3 中 10 个条形柱代表着中国向东盟出口的 10 个分组集合,条形柱的高度表示这 10 个分组的商品出口占 2017 年中国对东盟出口总额的比重。初始时期的 1998 年,每组商品份额都为出口总额的 10%(条形柱都是一样高,本图没有显示),到 2017 年,10 个条形柱的高度已有明显变化。每一分组上的数字代表在 1998 年需要满足中国向东盟出口总额 1/10 的商品部门数(HS 分类 6 位码)。分组集合 1 是中国出口东盟"最小贸易商品"集合,包括了 4102.57 种商品,其中有 663 种在 1998 年是零贸易商品。分组集合 10 是"最大贸易商品"集合,只包括了 1.39 种商品,但是贸易额在 1998 年也占到总量的 10%。含有 4102.57 种商品的分组集合 1 在 1998 年仅占总出口的 10%,而到 2017 年该比重已大幅上升到 34.11%;而分组集合 10 占出口总额的比重由 1998 年的 10%降至 2017 年的 1.63%。样本期内,除了分组集合 1 的贸易额有较大涨幅外,也有上涨,份额也超过 1998 年的 10%。

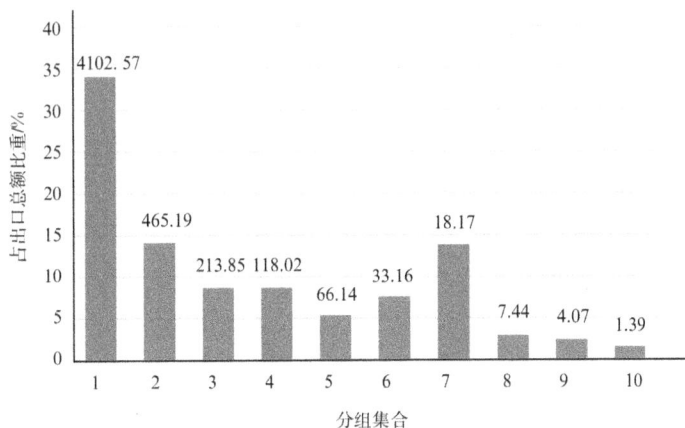

图 6 - 3　2017 年中国出口东盟分组贸易产品情况

数据来源:根据 BACI-CEPII 数据库计算得到。

2. 中国—哥斯达黎加 FTA

"最小贸易商品"分组集合 1 包括了 4784.97 种商品,其中有 4103 种在 1998 年是零贸易商品。"最大贸易商品"分组集合 10,只包括了 0.92 种商品,但是贸易额在 1998 年也占到总量的 10%。分组集合 1 在 1998 年仅占总出口的 10%,而到 2017 年该比重已大幅上升到 70.43%;而"最大贸易商品"分组集合 10,占出口总额的比重由 1998 年 10% 降至 2017 年的 0.04%。样本期内,中国出口哥斯达黎加贸易份额的增长主要由分组集合 1 的贸易额增长实现。

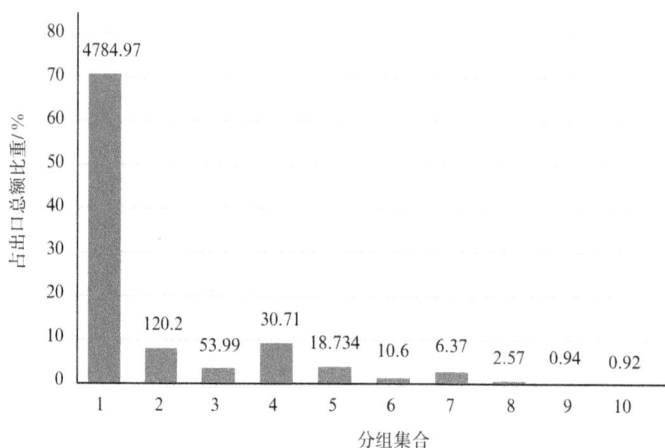

图 6-4　2017 年中国出口哥斯达黎加分组贸易产品情况

数据来源:根据 BACI-CEPII 数据库计算得到。

(三)最小贸易产品部门贸易份额的时序变化

计算样本初期最小贸易产品集合在样本期间的贸易份额并体现在图上,可以看出该集合产品的贸易份额变化。计算中国出口各 FTA 伙伴的最小贸易产品商品集合贸易份额后,发现受 2008 年世界金融危机的影响,中国在 2007年和 2008 年签订的两个 FTA,该指标在 FTA 实施一年后略有下降,以及 2015年世界经济增速放缓,也对 2015 年签订的 FTA 有一定的影响。其他情况下,贸易份额在加入 FTA 后与之前相比有较明显的提升,文中仅列举中国—东盟FTA(见图 6-5)和中国—哥斯达黎加 FTA 的情况(见图 6-6),其他图详见附图 12—附图 22。

图中,纵向虚线表示中国与该贸易伙伴签订 FTA 的年份。中国出口东盟和哥斯达黎加的最小贸易产品部门所占当年出口贸易总额的比重在 FTA 实施后有较明显的提升。

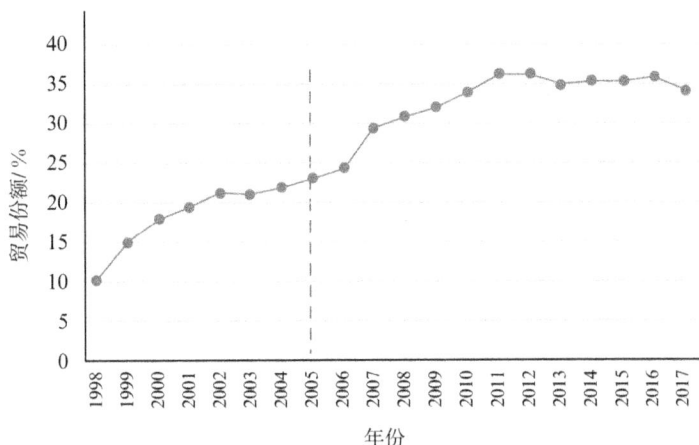

图 6 - 5　1998—2017 年中国出口东盟最小贸易产品部门贸易份额变化

数据来源:根据 BACI-CEPII 数据库计算得到。

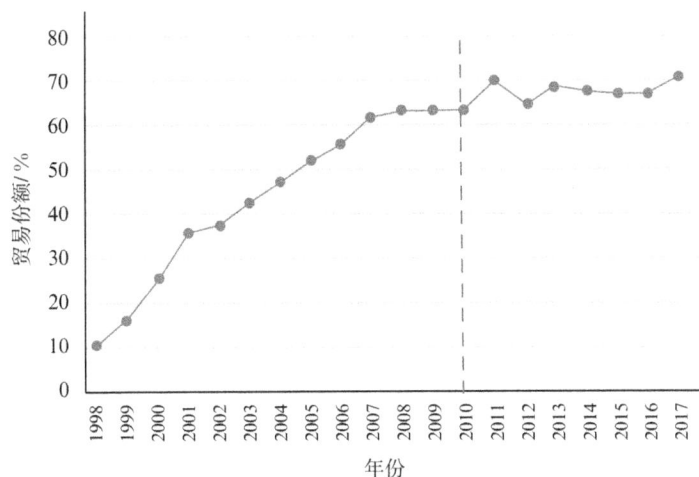

图 6 - 6　1998—2017 年中国出口哥斯达黎加最小贸易产品部门贸易份额变化

数据来源:根据 CEPⅡ-BACI 数据库计算得到。

第二节　区域贸易协定与贸易边际增长的实证分析

一、扩展引力模型构建及变量预期

（一）确定模型

许多使用引力方程的学者（Eicher et al.，2012；Anderson et al.，2016）使用具有虚拟变量的面板数据方法，就区域贸易协定对贸易的平均处理效果进行一致和精确的经验估计，如 B－B 方程（Baier et al.，2007）。根据 B－B 方程，得

$$\ln X_{ijt} = \beta_0 + \beta_1(\mathrm{EIA}_{ijt}) + \eta_{ij} + \delta_{it} + \varphi_{jt} + \varepsilon_{ijt} \tag{6.5}$$

其中，η_{ij} 表示与两国相关的特征变量，δ_{it} 和 φ_{jt} 是模型的虚拟变量，用于控制随时间变化的固定效应。

当贸易流量由贸易扩展边际、价格边际和集约边际替代时，根据式（6.5）可建立以下计量模型

$$\ln \mathrm{EM}_{ijt} = \alpha_0 + \alpha_1(\mathrm{FTA}_{ijt}) + \eta_{ij} + \delta_{it} + \varphi_{jt} + \varepsilon_{ijt} \tag{6.6}$$

$$\ln \mathrm{IM}_{ijt} = \alpha_0 + \alpha_1(\mathrm{FTA}_{ijt}) + \eta_{ij} + \delta_{it} + \varphi_{jt} + \varepsilon_{ijt} \tag{6.7}$$

$$\ln P_{ijt} = \beta_0 + \beta_1(\mathrm{FTA}_{ijt}) + \eta_{ij} + \delta_{it} + \varphi_{jt} + \varepsilon_{ijt} \tag{6.8}$$

$$\ln Q_{ijt} = \gamma_0 + \gamma_1(\mathrm{FTA}_{ijt}) + \eta_{ij} + \delta_{it} + \varphi_{jt} + \varepsilon_{ijt} \tag{6.9}$$

扩展边际 EM，集约边际 IM，价格边际 P 和数量边际 Q，按照 HK 模型框架进行分解。

（二）确定变量

本部分主要的解释变量为自由贸易协定变量 FTA。该变量为 t 时期两国是否已缔结 FTA 的虚拟变量，当两国已经成为 FTA 伙伴时，取值为 1；否则为 0。很多学者（如张焦伟，2010）采用签订日期，认为人们的行为会根据预期做调整，即所谓的预期效应，但是笔者认为即使存在预期效应，调整的速度也不会那么快，企业的调整是一个逐渐适应的过程。因此本部分判断两国是否为 FTA 伙伴的标准是看实施生效时间，而不是签订时间。[①]

---

① 该数据来自联合国区域经济协议统计（https://www.wto.org/english/tratop_e/region_e/region_e.htm）。

已有国内外学者将引力模型扩展应用到对贸易出口边际的研究。许多经验实证分析的文献认为传统引力模型变量,如双边距离、共同陆地边界的虚拟变量、主要语言、法律渊源和殖民历史等变量可以解释双边贸易中的集约边际和扩展边际(Helpman et al.,2008;Egger et al.,2011)。

基于以上结论,本部分选取以下变量作为代表双边贸易特征的控制变量。

1. 经济因素:国家经济规模(GDP)

出口目的国的经济规模越大,对他国进口需求越多。考虑到各目的国之间GDP 数值可能差距较大,所以本部分采用相对 GDP 的衡量标准,即出口目的国 GDP 与中国 GDP 的比值。考虑到出口国 t 期的出口增长情况可能会影响目的国当期的 GDP 增长情况,由此易导致内生性问题(尚涛等,2018),借鉴刘青等(2017)的做法,采用滞后一期的 GDP_lag 数据代入模型。数据来自 UN-Comtrade 和 Word Bank 的数据库,取 ln(1+GDP)进入方程。

2. 地理因素:地理距离(DIST)和共同边界(ADJ)

经典引力模型中,这两项用来代表双边天然可变贸易成本。一般而言,距离越远,运输成本越高,对贸易有抑制作用;若两国毗邻,拥有共同边界,也会降低货运成本,增加贸易。但是 Helpman 等(2008)和 Egger 等(2011)认为,尽管拥有共同的国际陆地边界,但领土冲突会抑制贸易,即可能会造成更高水平的天然固定出口成本。距离和毗邻数据来自 CEPII 数据库。其中,距离变量取对数 lnDIST 进入方程。

3. 文化因素:共同语言(LANG)和宗教相似性(COMRELIG)

Helpman 等(2008),Egger 等(2011)研究发现,宗教相似性和共同语言对贸易有积极影响,但对贸易水平的大小几乎没有影响。共同语言和宗教相似性数据来自 CEPII。

4. 移动通信普及率(MOHONE)

移动通信普及率可以表示在国外收集信息和经营业务的容易程度。随着交流手段的创新和便利化,便利的通信条件可方便贸易双方的互相了解和协商,进而促进贸易(陈勇兵等,2012)。取百人移动电话拥有的对数代入方程,数据来自 Word Bank 数据库。

根据以上分析,构建以下计量模型:

$$\ln EM_{ijt} = \alpha_0 + \alpha_1 FTA_{ijt} + \alpha_2 GDP + \alpha_3 DIST + \alpha_4 ADJ + \alpha_5 LANG +$$

$$\alpha_6 COMRELIG + \alpha_7 MPHONE + \varepsilon_{ijt} \tag{6.10}$$

$$\ln IM_{ijt} = \varphi_0 + \varphi_1 FTA_{ijt} + \varphi_2 GDP + \varphi_3 DIST + \varphi_4 ADJ + \varphi_5 LANG +$$

$$\varphi_6 COMRELIG + \varphi_7 MPHONE + \varepsilon_{ijt} \tag{6.11}$$

$$\ln P_{ijt} = \beta_0 + \beta_1 FTA_{ijt} + \beta_2 GDP + \beta_3 DIST + \beta_4 ADJ + \beta_5 LANG +$$

$$\beta_6 COMRELIG + \beta_7 MPHONE + \varepsilon_{ijt} \tag{6.12}$$

$$\ln Q_{ijt} = \gamma_0 + \gamma_1 FTA_{ijt} + \gamma_2 GDP + \gamma_3 DIST + \gamma_4 ADJ + \gamma_5 LANG +$$

$$\gamma_6 COMRELIG + \gamma_7 MPHONE + \varepsilon_{ijt} \tag{6.13}$$

二、计量方法和数据说明

面板数据的估计方法目前主要有固定效应模型和随机效应模型,而固定效应模型会剔除不随时间变化的变量,如地理因素变量、文化因素变量。根据 Simpson 悖论,如果要分析 X 对 Y 的因果作用,需要尽可能加入所有与 X 相关且对 Y 有直接因果作用的变量,否则可能会得到相反的实证结果。首先,本部分选取的控制变量中,地理因素变量和文化因素变量是经典引力方程中被国内外学者认可的对出口贸易有直接因果作用的变量;其次,根据第四章分析,中国的 RTA 战略以亚洲为中心,可见这两类因素也是本部分的中国实证样本中与 RTA 相关的变量。因此,本部分放弃了固定效应方法,参考魏昀妍等(2017)等的研究,采取稳健最小二乘法进行估计,同时采用随机效应模型进行稳健性检验。

因为控制变量 MPHONE 部分国家有相当年份的缺失,本部分最终选出 1998—2017 年中国出口世界 150 个国家的贸易边际数据进行引力模型的实证。其中包括 19 个 FTA 贸易伙伴,分别为文莱、缅甸、柬埔寨、印度尼西亚、老挝、马来西亚、菲律宾、新加坡、越南、泰国、智利、巴基斯坦、新西兰、秘鲁、哥斯达黎加、冰岛、瑞士、韩国、澳大利亚。

表 6-6　各变量统计描述

变量名	均值	标准差	最小值	最大值	样本数
FTA	0.061	0.40	0	1	3000
GDP_lag	0.063	0.174	0.00002	1.99	2850
DIST	9.030	0.508	7.063	9.858	3000

变量名	均值	标准差	最小值	最大值	样本数
ADJ	0.067	0.249	0	1	3000
LANG	0.013	0.115	0	1	3000
COMRELIG	0.005	0.009	0	0.024	3000
MPHONE	3.421	1.873	−4.965	5.369	3000

三、计量结果与分析

（一）扩展边际分析

FTA 变量对扩展边际的影响显著为正，FTA 的实施促进了中国出口产品种类的增加。经济规模变量（GDP）的影响也显著为正，说明随着目的市场经济规模的扩大，其对进口产品种类的需求会逐渐增加。共同边界（ADJ）和地理距离（DIST）的影响分别为显著为正和显著为负，与大部分文献的结论一致，运输成本越高，对产品出口的多样化水平有负面影响。宗教相似性（COMRELIG）的影响也显著为正，说明目的市场有共同的宗教背景，消费者对产品种类的需求有相似性。移动通信普及率（MPHONE）的影响显著为正，说明目的市场的基础设施便利程度越高，越方便贸易双方增加对各种产品的了解，从而提高对多样化产品的需求。共同语言（LANG）的影响不显著，说明随着全球化的发展，各地文化交流日益密切，英语基本已经成为世界语言，是否有共同官方语言已不会成为阻碍贸易的消极因素。

（二）数量边际分析

FTA 对数量边际的影响显著为正，且远大于对价格的影响，说明 FTA 的实施对中国集约边际的影响主要体现在出口数量拉动方面。其他控制变量的系数方向与集约边际的结果一致。

（三）稳健性检验

为了验证计量结果的稳健性，本部分将随机效应的检验结果列入了表 6-7。从回归结果来看，自变量对因变量的影响符号和显著性与稳健最小二乘法的回归结果基本一致，可见本部分的实证结果是稳健的。

另外，回归结果中，经济规模变量（GDP）的影响和距离变量（DIST）在几个模型中与经典结论相反，本部分认为其中原因之一是回归是事后估计，可能与研究选取的中国样本有关。其次我们也可以从计量模型的设定中寻找解释。

在多元线性回归中，$Y_i = \beta_0 + \beta_1 D_i + \beta_2 X_i + \varepsilon_i$，$D_i$ 是解释变量，X_i 是控制变量，β_1 和 β_2 分别表示 D 和 X 对 Y 的因果效应。在多元线性拟合中，$Y_i = b_0 + b_1 D_i + b_2 X_i + e_i$，满足假设 $\mathrm{Cov}(D, \varepsilon) = \mathrm{Cov}(X, \varepsilon) = 0$ 时，OLS 估计量 b_1 和 b_2 分别是 β_1 和 β_2 的一致估计量。但该假设往往过于严苛，且人们只关心解释变量 D 对 Y 的因果效应，因此只需知道给定控制变量 X 的情况下，解释变量 D 与 ε 的偏相关性为 0 即可。即在 $\varepsilon = \delta_0 + \delta_1 D + \delta_2 X + \upsilon$ 中，$\mathrm{Cov}(D, \upsilon) = \mathrm{Cov}(X, \upsilon) = 0$，则原线性回归方程更可以写作：$Y_i = (\beta_0 + \delta_0) + (\beta_1 + \delta_1) D_i + (\beta_2 + \delta_2) X_i + \upsilon_i$。因此，控制变量 X 的系数由 $(\beta_2 + \delta_2)$ 构成，当 δ_2 为负，且绝对值大于 β_2 时，$(\beta_2 + \delta_2)$ 有可能为负。因此，本部分设定模型中可能存在 ε，使得 GDP 与之的系数 δ 为负，从而导致此结果。但本部分研究的是关注解释变量 FTA 与贸易边际的因果效应，因而此处控制变量系数的解释并不重要。以下对分类样本的回归中也将略去控制变量系数的解释。

表 6 - 7 全体样本回归结果

变量	扩展边际		集约边际		价格边际		数量边际	
	稳健最小二乘法	随机效应	稳健最小二乘法	随机效应	稳健最小二乘法	随机效应	稳健最小二乘法	随机效应
FTA	0.157***	−0.193***	0.549***	0.361***	0.026***	0.057***	0.522***	0.302***
GDP	0.589***	0.408***	−0.289***	−1.677***	−0.050**	−0.142***	−0.231***	−1.427***
DIST	−0.124***	−0.172***	0.085**	0.004	−0.019**	−0.018	0.103***	0.027
ADJ	0.225***	0.285**	0.885***	0.966***	0.078***	0.081**	0.806***	0.887***
LANG	0.222	0.381	−0.345***	−0.409	0.113***	−0.083	−0.459***	−0.486
COMRELIG	4.852***	3.830	14.958***	12.245**	0.603	0.608	14.287***	11.878***
MPHONE	0.166***	0.197***	0.049***	0.167***	−0.015***	−0.005***	0.064***	0.171***

注：常数项未报告，*** 代表在 1% 水平上显著，** 代表在 5% 水平上显著，* 代表在 10% 水平上显著。

以上实证结果与第三章的理论模型推论结果一致，区域贸易协定对贸易出口集约边际与扩展边际都有拉动作用。而且从理论模型中不能直接得出的是两个拉动作用的大小，从中国样本的实证模型中可以看出 FTA 对于中国贸易出口的拉动主要体现在集约边际上，更确切地说是体现在数量边际上。

第三节　区域贸易协定的异质性贸易边际效应

一、FTA 条款深度的异质性贸易边际效应

依据前文所述,区域贸易协定促进贸易增长的原因是多方面的,直接影响是指关税的降低,还有间接影响,包括贸易壁垒的减少以及其他贸易政策方面的影响(Anderson et al. , 2004;Fugazza et al. , 2013;Baier et al. ,2017)。深度协议不仅包括 WTO 中涉及的条款,还包括反腐败、竞争政策、环境、其他知识产权协议、投资、劳动市场监管、资本流动、消费者保护、数据保护、农业合作、创新政策等更有深度的议题。因此,深度的协议除了从降税角度促进贸易以外,还能从贸易壁垒和贸易政策管理方面为双边贸易增长提供便利。Mattoo 等(2017)的实证分析表明深度贸易协议比浅的贸易协议更能促进贸易增长。其用引力模型测算过深度协议对双边贸易流量的影响,证实相对于较浅的贸易协议,深度协议的贸易创造作用更大,认为深度协议可以降低贸易成本,减少关税自由化以外的歧视,因此将导致更多的贸易创造。

前面两章已经计算了中国 FTA 的整体条款深度和核心条款深度。此处将 FTA 整体深度变量(FTA Depth)和核心条款深度变量(FTAC Depth)替换 FTA 变量,代入式(6.10)—式(6.13),进行回归得到以下结果(见表6-8)。

表6-8　FTA 深度条款的实证结果

变量	扩展边际		集约边际		价格边际		数量边际	
	(一)	(二)	(一)	(二)	(一)	(二)	(一)	(二)
FTA Depth	0.008***		0.022***		0.001***		0.021***	
FTAC Depth		0.009***		0.026***		0.001***		0.025***
GDP	0.581***	0.582***	−0.327***	−0.324***	−0.051**	−0.052**	−0.267***	−0.263***
DIST	−0.139***	−0.138***	0.0289	0.034	−0.021***	−0.021***	0.049	0.055*
ADJ	0.230***	0.228***	0.912***	0.906***	0.079***	0.079***	0.831***	0.825***
LANG	0.221***	0.224***	−0.294***	−0.288***	0.114***	0.115***	−0.409***	−0.405***
COMRELIG	4.675***	4.675***	14.144***	14.154***	0.570	0.565	13.502***	13.516***
MPHONE	0.167***	0.167***	0.051***	0.051***	−0.015***	−0.015***	0.067***	0.066***

注:常数项未报告,***代表在1%水平上显著,**代表在5%水平上显著,*代表在10%水平上显著。

第一，FTA变量替换为FTA深度变量后，回归结果基本一致。FTA的整体深度和核心条款深度对一国出口贸易的三元边际都有积极且显著的影响。其中，观察FTA核心条款的深度系数，发现三个回归方程中，FTAC Depth的系数均略大于FTA Depth，可以理解为FTA协议条款中，核心条款对扩展边际、价格边际和数量边际的影响作用更大。FTA核心条款与贸易的联系更密切，因此，对三元边际的影响要更大一些。也可以理解为FTA条款深度越大，实质性、可操作性条款数量越多，与经贸领域相关的可操作性条款越多，对出口边际的影响越显著。

第二，从FTA深度对各出口边际的影响看，对集约边际的影响（价格边际系数＋数量边际系数）要显著大于对扩展边际的影响。集约边际中，对数量边际的影响更大。因此，FTA条款深度的异质性对出口边际的影响是不同的，更深入的FTA对出口边际的影响更大，而且深度FTA的影响主要通过数量边际的拉动作用来体现。

第三，从以上回归结果可以得出，FTA的深度异质性确实会带来不同大小的贸易创造，深度协议比浅度协议更能促进贸易增长。因为除了降低关税以外，深度协议降低了很多难以量化的歧视，创造更良好稳定的双边（经贸）环境，给贸易企业传递积极的信息，促进双边贸易的增长。

二、不同FTA伙伴类型的异质性贸易边际效应

本部分进一步分析不同FTA伙伴类型对贸易出口边际的影响，探讨与不同FTA伙伴的贸易合作是否在对贸易出口边际的影响上存在异质性。

（一）按是否为"一带一路"合作伙伴划分

"一带一路"倡议自提出以来，不仅涉及至关重要的民生和基础设施领域，更推动了中国与沿线国家在经贸领域的交流与发展。在"一带一路"沿线国家中，中国已与东盟10国、巴基斯坦、新加坡、格鲁吉亚、马尔代夫签订自由贸易区协定，与斯里兰卡、以色列、摩尔多瓦、巴勒斯坦正在进行自由贸易区谈判，与蒙古、尼泊尔、孟加拉国的自由贸易协定正在研究。

与"一带一路"沿线国家签订FTA是否更能促进贸易边际的增长呢？本部分选取是否属于"一带一路"沿线国家（OBOR）作为一个控制变量来加以区分。因"一带一路"倡议于2013年首次提出，因此属于"一带一路"沿线国家的

FTA 伙伴 2014 年起该变量取 1,其他取 0。将 FTA 与 OBOR 的交互项代入原回归方程,这样处理更能显示与"一带一路"沿线国家签订 FTA 对贸易出口边际的影响。

由表 6 - 9 可见,FTA 及控制变量的系数与表 6 - 7 基本一致,增加的 FTAOBOR 变量对贸易出口边际的影响都显著。其中,对扩展边际的影响是显著为负,对集约边际、价格边际和数量边际的影响都是显著为正。由此可以理解为,与"一带一路"沿线国家签订 FTA,对出口拉动的影响主要通过集约边际的增长,并不利于出口商品种类的多样化提升。但是 FTAOBOR 对价格边际的影响要显著大于 FTA 对价格边际的影响,说明与"一带一路"沿线国家签订 FTA,对中国出口价格水平的提升是有促进作用的,遵循外贸高质量发展的路线。

表 6 - 9 中国与"一带一路"沿线国家签订 FTA 的实证结果

	扩展边际	集约边际	价格边际	数量边际
FTA	0.188***	0.454***	0.021**	0.432***
FTAOBOR	−0.144***	0.442***	0.025*	0.417***
GDP	0.588***	−0.285***	−0.050**	−0.226***
DIST	−0.127***	0.092***	−0.018***	0.110***
ADJ	0.227***	0.878***	0.078***	0.799***
LANG	0.229***	−0.366***	0.111***	−0.479***
COMRELIG	4.866***	14.914***	0.601	14.245***
MPHONE	0.167***	0.047***	−0.015***	0.063***

注:常数项未报告,*** 代表在 1% 的水平上显著,** 代表在 5% 的水平上显著,* 代表在 10% 的水平上显著。

(二)按 FTA 贸易伙伴的经济发展水平划分

经验研究中,许多文献将 FTA 分为南北型(发达国家与发展中国家结成 FTA)和南南型(发展中国家之间结成 FTA)两类。有些学者认为与相似经济发展水平国家贸易合作,人们对产品的需求具有相似性,更有利。曲越等(2018)研究发现与发展中国家和地区建立 FTA 使中国 GDP 增长 0.29%,社会福利提高 66.25 亿美元,贸易条件提升 0.23%,均高于较发达国家和地区,因此与发展中国家和地区建立 FTA 能让中国在对外贸易中处于更为有利的地位。本部分在此分析不同经济发展水平的 FTA 伙伴是否对贸易边际的影响存在不同。

根据 IMF 的公布文件,澳大利亚等 30 多个经济体被认定为发达经济体,而中国仍属于发展中经济体。与中国建立 FTA 的经济体中,澳大利亚、冰岛、韩国、新西兰、新加坡和瑞士属于发达经济体;智利、马来西亚、哥斯达黎加、秘鲁、泰国、格鲁吉亚、印度尼西亚、马尔代夫、菲律宾、越南、缅甸、老挝、文莱、巴基斯坦和柬埔寨属于新兴市场和发展中经济体(马尔代夫和格鲁吉亚不在本部分的样本时间范围内)。

从表 6-10 可见,与不同经济发展水平经济体签订 FTA 对贸易边际的影响是有差异的。与发展中经济体签订 FTA 对集约边际的促进作用大于发达经济体,与发达经济体签订 FTA 对扩展边际的促进作用大于发展中经济体;与发展中经济体签订 FTA 对数量边际的促进作用大于发达经济体,与发达经济体签订 FTA 对价格边际有显著为正的促进作用,而发展中经济体样本不显著。

表 6-10 不同经济发展水平 FTA 伙伴的实证结果

变量	扩展边际		集约边际		价格边际		数量边际	
	发展中	发达	发展中	发达	发展中	发达	发展中	发达
FTA	0.157***	0.198***	0.589***	0.480***	0.013	0.034**	0.575***	0.444***
GDP	0.577***	0.602***	-0.289***	-0.282***	-0.051**	-0.050**	-0.229***	-0.223***
DIST	-0.119***	-0.090***	0.144***	0.088**	-0.035***	-0.027**	0.179***	0.114***
ADJ	0.233***	0.183***	0.932***	0.965***	0.064***	0.073***	0.867***	0.890***
LANG	0.219***	0.227***	-0.268***	-0.357***	0.156***	0.051**	-0.424***	-0.409***
COMRELIG	5.123***	7.126***	15.594*** *	16.553***	0.185	0.437	15.334***	16.043***
MPHONE	0.166***	0.184***	0.049***	0.051***	-0.015***	-0.018***	0.064***	0.069***

注:常数项未报告,***代表在 1%的水平上显著,**代表在 5%的水平上显著,*代表在 10%的水平上显著。

(三)按 FTA 结构划分

当前绝大多数 FTA 可以划分为双边 FTA 和多边 FTA。前者是指两个经济体缔结的 FTA,而后者是指多个经济体缔结的 FTA 协议,如 EU、EFTA 等,后者有时候也被称为超自然国家组织的一种。另外还有一种,即某个经济体与一个多经济体 FTA 结成了新的 FTA,如 EU-Chile、EFTA-Mexico 等。部分学者将其归入双边 FTA 类型,如沈铭辉(2010)等;部分学者将其归入多边 FTA 的类型,如李春顶等(2014)。本部分沿用后者的分类。

关于双边和多边 FTA 的形成与存在性问题,Yilmazkuday(2014)通过重复博弈分析框架,考虑了运输成本、经济体规模和比较优势三方面,做了局部均衡分析,发现双边 FTA 比多边 FTA 更容易维持。本部分想从另一个角度来对双边 FTA 和多边 FTA 进行分析,即试图探索这两种类型的 FTA 对贸易出口边际的影响存在什么不同。中国签订的 FTA 中,只有中国—东盟属于多边 FTA,其他都是双边 FTA 类型,实证结果见表 6 - 11。整体而言,中国签订的双边 FTA 对贸易边际的促进作用要大于多边 FTA,主要表现在:对扩展边际的促进作用较大,即有利于出口品种的多样化;对价格边际的影响显著积极,说明有利于出口商品质量的提升。但多边 FTA 对出口集约边际的促进作用略大,说明中国—东盟 FTA 对贸易的拉动作用更主要依赖于集约边际的提升,更具体地说是数量边际的提升。

表 6 - 11　双边/多边 FTA 实证结果

变量	扩展边际		集约边际		价格边际		数量边际	
	双边	多边	双边	多边	双边	多边	双边	多边
FTA	0.197***	0.126***	0.464***	0.628***	0.048***	−0.002	0.415***	0.629***
GDP	0.602***	0.575***	−0.280***	−0.282***	−0.049**	−0.053**	−0.223***	−0.220***
DIST	−0.076***	−0.141***	0.087**	0.167***	−0.029**	−0.037**	0.115**	0.203**
ADJ	0.196***	0.224***	0.866***	1.021***	0.066**	0.064**	0.798***	0.954***
LANG	—	0.236**	—	−0.336***	—	0.114**	—	0.451***
COMRELIG	6.985***	5.206***	15.678***	17.029***	0.461	0.138	15.143***	16.817***
MPHONE	0.182***	0.168***	0.054***	0.048***	−0.017***	−0.016***	0.071***	0.063***

注:常数项未报告,***代表在 1% 的水平上显著,**代表在 5% 的水平上显著,*代表在 10% 的水平上显著。

三、FTA 对不同制造品部门的异质性贸易边际效应

为了进一步分析 FTA 对于不同类型产品的贸易边际的影响是否具有差异性,此处进一步将 SITC 三位码的制造品产品样本分为资源型制成品、低技术含量制成品、中等技术含量制成品和高等技术含量制成品四类。此处省略了其他控制变量的回归结果,只列出解释变量 FTA 的回归系数。根据表 6 - 12、表 6 - 13 信息可以得出如下结论。

第一,对资源型制成品,FTA 对扩展边际和集约边际的影响是积极显著

的,且对集约边际的影响略大于扩展边际的影响。对于低技术型制成品,FTA对扩展边际、集约边际、价格边际、数量边际的影响都是显著为正的,其中对集约边际的影响显著大于对扩展边际的影响,且数量边际对集约边际的贡献占主要部分。对于中技术型制成品,FTA对扩展边际、集约边际、数量边际的影响都是显著为正的,其中对集约边际的影响显著大于对扩展边际的影响,对价格边际影响不显著。对于高技术型制成品,FTA对扩展边际、集约边际、价格边际、数量边际的影响都是显著为正的,其中对集约边际的影响显著大于对扩展边际的影响,且FTA对价格边际的影响在几类制成品中是较大的。

第二,综合比较四种类型制成品的出口,FTA对资源型制成品的扩展边际影响较大,对高技术型制成品的集约边际影响最大,且仅对低技术型制成品和高技术型制成品的价格边际影响是积极显著的。综合所有出口边际,FTA对高技术型制成品的出口拉动是最大的,中国FTA战略显著促进了高技术型制成品的出口种类多样化,也对其出口价格水平的提升有显著的推动作用。

第三,将四种类型产品加入FTA与OBOR的交互项进行回归,可以进一步分析"一带一路"倡议的影响。加入该交互项变量后,FTA对各个出口边际的影响系数变化不大,但是FTAOBOR对各边际的影响却略有不同。"一带一路"变量对中技术型制成品的集约边际和数量边际影响最大,仅对低技术型制成品和中技术型制成品的价格边际影响显著为正。与"一带一路"沿线国家签订FTA,促进了制成品尤其是中技术型制成品的集约边际的提高,也推动了中低技术型制成品出口价格水平的提高。与"一带一路"沿线国家签订FTA对出口高技术型制成品的出口边际没有积极影响。

表6-12 制成品分类样本实证结果 I

行业	变量	扩展边际	集约边际	价格边际	数量边际
资源型制造品	FTA	0.213***	0.499***	−0.027*	0.526***
低技术型制造品	FTA	0.101***	0.635***	0.032***	0.603***
中技术型制造品	FTA	0.188***	0.475***	0.004	0.480***
高技术型制造品	FTA	0.045**	0.774***	0.076***	0.698***

注:常数项未报告,***代表在1%的水平上显著,**代表在5%的水平上显著,*代表在10%的水平上显著。

表 6 – 13   制成品分类样本实证结果 II

行业	变量	扩展边际	集约边际	价格边际	数量边际
资源型制造品	FTA	0.256***	0.387***	−0.019	0.406***
	FTAOBOR	−0.198**	0.524***	−0.034	0.559***
低技术型制造品	FTA	0.122***	0.528***	0.022**	0.506***
	FTAOBOR	−0.045*	0.490***	0.045***	0.445***
中技术型制造品	FTA	0.221***	0.354***	−0.015	0.369***
	FTAOBOR	−0.156***	0.556***	0.048***	0.508***
高技术型制造品	FTA	0.073***	0.744***	0.075***	0.669***
	FTAOBOR	−0.0131***	0.138	0.005	0.133

第四节   本章小结

基于 CEPII-BACI 数据库的双边贸易数据,计算 1998—2017 年间中国对外出口扩展边际、集约边际、价格边际和数量边际的发展趋势,得出 20 年来中国贸易出口的三元边际都有所提升,但主要体现在集约边际中数量边际的快速增长。中国对 FTA 成员国的贸易出口三元边际也呈现同样的总体趋势:中国对 FTA 成员出口的扩展边际和集约边际都有所增长,但是集约边际增长更为迅速,仍然是"以量取胜";集约边际中,虽然价格增长也很明显,但数量边际的增长仍起了决定性的作用。中国出口 FTA 成员的价格边际也是明显高于非 FTA 成员。本章进一步计算中国出口的新产品边际。样本期内,中国出口 FTA 伙伴的产品种类增长较快。出口大部分 FTA 伙伴新产品 A 的种类都占原零贸易种类的 50%以上。从新产品出口额看,中国出口哥斯达黎加、巴基斯坦、秘鲁和冰岛的新产品出口额占当年出口总额的比重较大。综合而言,中国出口巴基斯坦和秘鲁的新产品种类和出口金额都增加较快。计算样本初期最小贸易商品集合在样本期间的贸易份额变化显示,除受世界经济环境影响外,最小贸易产品贸易份额在加入 FTA 后与之前相比有较明显的提升。

FTA 与贸易边际的实证分析主要结论如下:第一,FTA 促进了中国出口的扩展边际和集约边际,且其对集约边际的影响更大。在集约边际中,FTA 数量边际产生积极显著影响,对价格边际的影响为正但不显著。中国 FTA 拉动贸易增长更主要归因于数量边际的增长。第二,FTA 的深度异质性确实会带来不同大小的贸易创造,深度协议比浅度协议更能促进贸易增长,而且 FTA 核心条款深度比整体条款深度对贸易出口边际的影响更大。深度 FTA 的影响主要通过数量边际的拉动作用来体现。第三,与"一带一路"沿线国家签订 FTA,对出口拉动的影响主要通过集约边际的增长,这并不利于出口商品种类的多样化提升。第四,与发展中经济体签订 FTA 对集约边际的促进作用更大,与发达经济体签订 FTA 对扩展边际的促进作用更大。第五,FTA 对资源型制造品的扩展边际影响较大,对高技术型制造品的集约边际影响最大,且仅对低技术型制造品和高技术型制造品的价格边际影响是积极显著的。

第七章　研究结论与政策建议

第一节　研究结论

本书基于区域经济一体化理论、产业内贸易理论、异质性企业贸易理论,从产业内/产业间贸易结构和贸易出口增长边际两个视角对中国 FTA 的贸易效应做了深入探讨,得到以下结论。

第一,当今世界各经济体在追求多边贸易自由化的同时,也追求区域贸易自由化,实现区域内的贸易投资自由化来促进贸易、投资和经济的增长。除个别经济体以外,大多数经济体都签署了一个及以上 RTA。当前,中国参与世界 RTA 的形式主要以自由贸易协定 FTA 为主。中国的 RTA 战略以亚洲为中心,以双边 FTA 为主,来自发展中经济体的 FTA 伙伴占一半以上。本部分借鉴最新的 RTA 深度评估指标(Hofmann et al.,2017)对中国已签署 FTA 条款的深度进行评估得到:在"WTO+"条款中,中国签订的 FTA 平均深度是18.5,高于全球 FTA 的平均深度 16.8;"WTO-X"条款中,中国签订的 RTA 平均深度是 7.2,与世界 RTA 平均深度基本持平。从各 RTA 横向比较看,中国与发达经济体签署的 RTA 深度较大。在"一带一路"沿线国家中,中国已与东盟 10 国、巴基斯坦、新加坡、格鲁吉亚、马尔代夫签订 FTA,与斯里兰卡、以色列正在进行 FTA 谈判,与印度、尼泊尔、摩尔多瓦的 FTA 正在研究。

第二,样本区间内,中国与 RTA 伙伴的双边贸易额均有显著增长,2017年,中国出口 RTA 伙伴总额占中国总出口的 20.91%;中国从 RTA 伙伴进口总额占中国总进口的 31.9%;区域内贸易总额占中国对外贸易总额的 25.84%。其中,中国与东盟的贸易额最突出,占总贸易额的 12.55%。中国与各 RTA 伙伴的双边贸易受金融危机影响较小,危机后贸易增长恢复较快。中国已经成为东盟、巴基斯坦、新西兰、马来西亚、秘鲁、韩国、澳大利亚等国的第一大贸易伙伴。

第三，中国与世界其他贸易大国相比，产业内贸易水平比较低。分产品类型看，初级产品的产业内贸易水平一直呈下降趋势，直至 2017 年，初级产品 GLI 指数是五类产品中最低的；制造品的 GLI 指数稳定在 0.42 上下，相比发达国家，还有较大差距。制造品的四类中，低技术型产品的 GLI 指数最低，资源型产品其次，中技术型制造品的 GLI 指数 20 年里逐渐上升，高技术型制造品的 GLI 指数则逐渐下降，2005 年以后中技术型制造品的产业内贸易水平已经超过高技术型制造品的产业内贸易水平。计算中国与 FTA 伙伴的产业内/间贸易情况，发现从产业内贸易金额看，除文莱、冰岛外，中国与大多数 FTA 贸易伙伴的产业内贸易规模较大；中国与大多数 FTA 贸易伙伴的产业内贸易规模均实现较大的增长。中国与新加坡、越南、瑞士、泰国、印度尼西亚、马来西亚、韩国与澳大利亚的制造品产业内贸易水平较高，与文莱、缅甸、智利、哥斯达黎加、冰岛、老挝和秘鲁的制造品产业内贸易水平较低。经济一体化可以促进产业内贸易，影响贸易结构，具体表现在：一方面，FTA 签订实施后，成员国之间减少贸易限制，包括减免税，推行贸易便利化，贸易交易成本下降。更多的企业加入出口行列，从而可贸易产品的差异化程度上升。同时，产业内从事出口的企业增多，信息搜集等相关成本会进一步下降，也进一步促进外部规模经济。在需求偏好多样化的前提下，规模经济和产品差异化程度增加将促进水平型产业内贸易产生。另一方面，FTA 签订实施后，不仅贸易成本降低，深度 FTA 的领域更涉及放宽资本流动限制，促进外商直接投资。当 FDI 成本和贸易成本很低的情况下，垂直型产业内贸易会增加。本书进一步运用倾向得分估计(PSM)实证分析得出，中国已实施的 FTA 对中国贸易结构的影响更主要表现在促进规模经济和生产差异化相关的收益，促进产业内贸易份额的增长。当然，FTA 实施也刺激专业化的收益，一定程度上促进产业间贸易份额的增长，即 FTA 对中国产业内贸易的推动作用要大于产业间贸易。中国与发达经济体缔结 FTA 更能带来规模经济，进一步差异化生产，促进产业内贸易的发展。对制成品分行业估计看，FTA 战略的实施有效推动了中、高技术型制造品的产业内贸易水平提高。考虑 FTA 文本条款的深度，实证结果证明，深度 FTA 对产业内贸易的影响更大，且对垂直型产业内贸易的影响大于对水平型产业内易的影响,而浅层 FTA 则对水平型产业内贸易的影响更大。

第四,1998—2017 年,中国出口扩展边际、数量边际和价格边际整体提高,数量边际的增长更为显著。中国对 FTA 成员出口的扩展边际和集约边际都有所增长,但是集约边际增长更为迅速,仍然是"以量取胜";集约边际中,虽然价格增长也很明显,数量边际的增长仍起了决定性的作用。中国出口 RTA 成员的价格边际也是明显高于非 FTA 成员。进一步计算样本期内中国出口的新产品边际可见,中国出口 FTA 伙伴的新产品种类增长较快。出口大部分国家新产品的种类都占原零贸易产品种类的 50% 以上。从新产品出口额看,中国出口哥斯达黎加、巴基斯坦、秘鲁和冰岛的新产品出口额占当年出口总额的比重较大。综合而言,中国出口巴基斯坦和秘鲁的新产品种类和出口金额都增加较快。计算样本初期最少贸易商品集合在样本期间的贸易份额变化显示,除受世界经济环境影响外,最少贸易产品贸易份额在实施 FTA 后与之前相比有较明显的提升。

根据异质性贸易企业理论,贸易流量由贸易企业的成本决定,当企业生产率超过阈值,有利润时才会出口。贸易企业的成本包括可变成本和固定成本。其中,可变成本又包括关税成本和运输成本,固定成本又分为外生固定成本(自然固定成本,如文化等,以及政策成本)和内生固定成本(如网络效应)。自由贸易区政策,不仅降低关税,直接降低出口生产率阈值,增加出口企业数目;当出口企业数量增加会扩大网络效应,更进一步降低出口生产率阈值,因此会带来集约边际和扩展边际的增加。本书进一步用引力模型进行检验得出,FTA 确实促进中国出口的扩展边际和集约边际,且其对集约边际的影响更大。在集约边际中,FTA 数量边际产生积极显著影响,对价格边际的影响为正但不显著。中国 FTA 拉动贸易增长更主要归因于数量边际的增长。FTA 的深度异质性确实会带来不同大小的贸易创造,深度协议比浅度协议更能促进贸易增长,深度 FTA 的影响主要通过数量边际的拉动作用来体现。中国与发展中经济体签订 FTA 对集约边际的促进作用大于发达经济体,与发达经济体签订 FTA 对扩展边际的促进作用大于发展中经济体。FTA 对资源型制成品的扩展边际影响较大,对高技术型制成品的集约边际影响最大,且仅对低技术型制成品和高技术型制成品的价格边际影响是积极显著的。

第二节　利用自贸区政策促进中国贸易高质量发展的政策建议

中国参与国际区域经济一体化可以获得多方面收益。首先,中国实施FTA战略,可以通过制度性的安排稳定和扩大中国的对外贸易,为中国的出口寻找稳定的外部市场,同时也保障获得中国经济发展的外部能源以及原材料等供给。其次,中国实施FTA战略,可以为国家发展争取有利的国际环境,通过参与多样化的RTA组织扩大中国在全球经济规则制定中的地位,增加在多边谈判中的筹码和维护中国的基本利益,尽可能降低国际上单边主义和霸权主义的威胁。

而中国外贸高质量发展就是要实现横向维度上更加平衡和纵向维度上更加充分的发展(戴翔等,2018)。本部分认为外贸高质量发展的内涵落实到具体内容之一就是实现制造业和服务业更深入开放,以及中国在多边贸易谈判中能有效维护中国的利益,有更重要的话语权。

因此,推动中国外贸高质量发展的目标与中国参与国际区域经济一体化获得的收益不谋而合。中国持续实施FTA战略,对促进中国贸易高质量发展有重要意义。基于前文的研究内容和结论,本部分提出以下中国参与国际区域经济一体化建设、更好实施FTA战略的政策建议,以期能更好更快实现中国贸易的高质量发展。

一、着力推动 RCEP 协定尽快生效实施

2012 年,《区域全面经济伙伴关系协定》(RCEP)谈判由东盟 10 国发起,邀请中国、日本、韩国、澳大利亚、新西兰、印度共同参加,通过削减关税及非关税壁垒,旨在建立 16 国统一市场的自由贸易协定,它是以东盟为主导的区域经济一体化合作。在美国正式宣布退出跨太平洋伙伴关系协定(TPP)后,RECP 是目前亚太地区乃至全球经济最具活力、涵盖人口最多、地域最广、成员最多元的区域自贸谈判,也是中国参与的成员最多、规模最大、影响最广的谈判。该谈判涵盖人口超过 35 亿,占全球 47.4%,国内生产总值占全球 32.2%,外贸总额占全球 29.1%。2019 年 11 月初,第 35 届东盟峰会及东亚合作领导人系列会议

上，除印度以外的 15 个成员国已结束全部 20 个章节的文本谈判以及实质上所有市场准入的谈判。2020 年 11 月 15 日，RCEP 第四次领导人会议期间，东盟 10 国、中国、日本、韩国、澳大利亚和新西兰正式签署协定，世界上人口最多、经贸规模最大、最具发展潜力的自由贸易区正式成立。

在当前全球贸易保护主义、单边主义抬头的背景下，RCEP 自由贸易区的建立，将会为更广泛的多边贸易体系奠定基石。同时，该自贸区的建立将进一步促进本地区产业和价值链的融合，为区域经济一体化注入强劲动力。这对中国来说是一个非常好的机会。一方面，RCEP 旨在建立一个"现代的、高质量的"自贸区，货物贸易零关税产品数量整体上超过 90%，大幅降低区域内贸易成本和商品价格。服务贸易开放承诺涵盖了大多数服务部门，显著高于目前各方与东盟现有自贸协定水平。投资方面，15 个成员国均采用负面清单对制造业、农林渔业、采矿业等领域投资做出较高水平开放承诺，政策透明度明显提升。中国虽与东盟、韩国、澳大利亚、新西兰都有 FTA，但部分 FTA 自由化程度并不高，且中国与日本没有 FTA，因此 RECP 将有利于进一步降低中国与相关国家双边贸易投资成本，促进中国和相关国家的贸易投资合作，使得中国与这些国家的经济一体化能够更加开放自由，促进中国外贸出口的高质量发展。另一方面，当区域自贸协定数量较多，各自由贸易协定在优惠待遇和原产地规则方面存在一定差异，出口多个国家市场的企业可能需要准备多个原产地证书，参与成本提高。而且，为了能够在出口产品时享受到最终目标市场的最低关税政策，企业往往不得不在不同国家间转移产品，在不同国家间转移的路线犹如一个碗里的意大利面团一样绞在一起，即"意大利面条碗效应"。RECP 建立，区域内优惠标准和原产地标准有可能统一，将进一步降低中国企业的参与成本，缓解"意大利面碗"之困。

RECP 正式签署后，中国应积极推动 RCEP 尽快生效实施，加快完成国内协定批准程序。与各方协调做好关税减让、原产地标准、便利化措施及相关规则等方面的具体执行安排，加强宣传解读，让协定早日惠及各国企业和人民。与各成员共同努力，在用好协定制度性优惠政策基础上，更好发挥 RCEP 平台作用，深化和拓展各领域务实合作，促进地区繁荣稳定发展。

二、继续升级已有自贸区谈判，注重新自贸区谈判条款深度

20 世纪 90 年代以前的区域贸易协定主要集中在关税减让条款，而 21 世

纪以来更多的条款涉及监管问题,如服务贸易、知识产权、投资和竞争政策。新一代FTA的内涵和实质是发达经济体国内市场经济标准向全球的推广,代表了发达国家主导的国际投资规则的发展方向(赵晋平等,2018)。我国起步较晚,进入21世纪才开始参加区域贸易协定,最早签订的几个自贸区协议主要涉及"WTO+"条款,在"WTO-X"条款领域涉足较少。例如中国—东盟自由贸易区,2005年签订FTA时条款仅涉及工业品和农业品关税自由化、反补贴及反补贴条款等,几乎没有提到"WTO-X"条款。2015年,中国—东盟自由贸易区升级谈判,在投资、知识产权、电子商务领域增加一定的文字表述,但未充分说明。而相比之下,日本—东盟FTA内容较为完善(韩剑等,2019)。中国—巴基斯坦自贸区,FTA条款在"WTO-X"条款领域只提到IPR和投资,总条款深度也较低。2019年4月,中国—巴基斯坦FTA第二阶段谈判对原自贸协定中的货物贸易市场准入及关税减让表、原产地规则、贸易救济、投资等内容进行了升级和修订,并新增海关合作章节,但仍没有对"WTO-X"条款有过多提及。目前中国—新西兰FTA、中国—韩国FTA和中国—秘鲁FTA都在进行升级谈判,在深化农牧业、财政、金融、税务、基础设施建设等"WTO-X"领域合作上充满期待。此外中国当前处在谈判研究阶段的自贸区有十余个,自贸区数量在稳定增长,谈判时注重条款深度,注重自贸区协议质量也应是将来的重点。

签订高水平的FTA,扩大开放,实施更高的市场化标准和机制,将倒逼国内经济体制改革,促进经济结构转型升级,完善社会主义市场经济体制。根据本部分实证分析,深度协议带来的制度优惠环境能激励企业生产差异化产品,更好融入全球价值链;服务、竞争政策等条款也能让成员国更加融入全球市场;投资条款能吸引和留住更多的外商直接投资;知识产权条款保护和激励创新等。Mattoo等(2017)研究认为深度协议能带来更多的贸易创造和更少的贸易转移,本部分的研究也发现FTA协议深度不仅能拉动数量边际,对出口价格边际也有积极的影响作用。在全球价值链和东亚地区已经形成了紧密的分工贸易网络条件下,加快谈判实施协议条款更深入的高水平自贸区战略,进一步降低关税和非关税壁垒,逐步完善服务贸易、知识产权、投资和竞争等核心条款,不仅有助于通过降低进口原材料和中间产品成本来提高出口最终产品的竞争力,提高中国外贸出口质量,更有助于吸引高端生产环节投资,提高国内生产技术含量和出口产品的附加值,从而助力中国积极参与全球分工,进一步融入全球价值链,提升我国在全球生产价值链上的位置。

我国在以下一些领域的 FTA 谈判中还存在压力:在服务贸易领域,我国在金融、电信、文化、医疗、教育和法律服务等方面仍有较严格的市场准入限制,而这些往往是发达经济体优势突出、较为关切的领域;在投资自由化方面,国际跨境投资相关规则的双向调整和高标准的投资自由化趋势进一步加快;政府采购、知识产权、国有企业、劳工标准、环境保护等区域谈判中不断拓展的所谓"边界后议题"或"新议题",涉及成员方的经济制度和更为广泛领域的开放,将对我国参与新一轮贸易投资自由化、推进 FTA 战略构成更大挑战(赵晋平等,2018)。

三、以全球视野布局自贸区网络,扩大 FTA 伙伴朋友圈

众多经验研究表明,在自由贸易协定伙伴的选择上,应优先与地理位置毗邻、要素互补的"天然贸易伙伴"展开谈判。自中国—东盟自贸区签订后,我国的自贸区发展一直以来以周边国家为主。地域稍远的 FTA 伙伴有 2 个欧洲国家、3 个拉美国家和 1 个非洲国家,这是中国面向全球布局自贸区网络的良好开端。随着我国经济地位不断上升,且经济长期持续较快增长的巨大潜力不断显现,许多国家纷纷将中国视为重要经贸合作伙伴。我国应充分利用这一有利形势,抢抓区域合作的重要机遇,为建设高水平的自贸区网络创造条件。

中国的 FTA 伙伴中,发达经济体不到 1/3。本部分实证研究表明,与发达经济体建立自贸区,对于中国贸易贸易增长结构的提升有重要意义。目前我国在谈判和研究中的 FTA 潜在伙伴只有加拿大一个发达经济体,中加两国正处在探索自贸协定可行性的阶段。早在 2016 年,中加就发布联合声明,同意采取进一步行动开创中加战略伙伴关系发展新局面。2018 年,中国已经成为加拿大的重要贸易合作伙伴之一,成为加拿大第二大出口目的地和第二大的进口来源地。但受美国—墨西哥—加拿大协定"毒丸条款"影响,双方谈判近两年,却仍然处于停滞状态。面对美国霸权行径的影响,中国更应积极应对,与加拿大形成共识,支持加方做出正确选择,一起向世界传递反对贸易保护主义和单边主义的积极信号。同时,向欧洲拓展与中国有良好贸易基础的发达经济体的 FTA 合作,积极推进双边贸易进一步发展,创造更多互利共赢机会,也是未来可以探索研究的方向。此外,深化我国与世界主要经济体之间的双边制度性合

作,作为FTA协议谈判的先行和补充,需要加强政府间高层磋商,在中日、中美双边谈判的道路上走得更远更扎实。

中国同拉美国家近年来贸易发展迅速,是南南合作的典范。拉美国家有着十分丰富的资源,但工业体系稍显薄弱;中国在快速发展的过程中对资源有着大量的需求,同时又拥有较为丰富的工业发展经验,拉美国家同中国的经济结构互补性很强。但是,一些拉美内部关税同盟的排外、与中国巨大贸易逆差的存在,以及一些国家尚未与中国建交是阻碍中国自贸圈在拉美扩围的主要症结。逐步消除障碍,进一步深化扩展拉美国家的FTA研究谈判,将有利于资源的优化配置和产业的转型升级。另外,近年来中非贸易发展迅速,中国出口的扩展边际和集约边际都有很大提升。2018年习总书记再次出访非洲,并在中非合作论坛上阐述了中非合作的良好前景,表达共筑更紧密的中非命运共同体、更好促进"一带一路"倡议对接非洲经济一体化进程的伟大愿景。① 中国与非洲国家的FTA谈判才迈出第一步,中国和毛里求斯自贸协定是我国和非洲国家商签的第一个自由贸易协定,2019年10月正式签署。在此基础上,我们应进一步挖掘中非之间的经贸潜力,研究探索与其他非洲国家的FTA合作,赋予中非全面战略合作伙伴关系更丰富的形式和内容。

四、推动中国"一带一路"沿线国家的自由贸易区网络体系形成

2013年,我国提出统筹内外、兼顾现实与未来、全面布局新一轮对外开放的大战略——"一带一路"倡议。共建"一带一路"在于加强各方互联互通,促进政策沟通、设施联通、贸易畅通、资金融通和民心相通——实现五通发展。其中,贸易畅通是共建"一带一路"的重要内容。共建"一带一路"促进沿线国家和地区贸易投资自由化便利化,降低交易成本和营商成本,促进商品和服务贸易、带动投资,有利于进一步提升各国参与经济全球化的广度和深度。实证研究也表明,"一带一路"倡议提出以来,中国与沿线国家建立FTA,更能优化贸易出口增长结构。

2013—2018年,中国与沿线国家货物贸易进出口总额超过6万亿美元,年

---

① 《习近平在2018年中非合作论坛北京峰会开幕式上的主旨讲话》,中共中央党校官网,2018年9月4日,https://www.ccps.gov.cn/xxsxk/zyls/201812/t20181216_125701.shtml。

均增长率高于同期中国对外贸易增速,占中国货物贸易总额的比重达到27.4%。世界银行研究组分析了共建"一带一路"倡议对潜在参与国的贸易影响,发现共建"一带一路"倡议将使参与国之间的贸易往来增加4.1%(Suprabha et al.,2019)。2017年5月第一届"一带一路"国际合作高峰论坛以来,中国与沿线国家签署100多项合作文件,实现了50多种农产品食品检疫准入。中国和哈萨克斯坦、吉尔吉斯斯坦、塔吉克斯坦农产品快速通关"绿色通道"建设积极推进,农产品通关时间缩短90%。中国进一步放宽外资准入领域,营造高标准的国际营商环境,设立了面向全球开放的12个自由贸易试验区,并探索建设自由贸易港,吸引沿线国家来华投资。中国平均关税水平从加入世界贸易组织时的15.3%降至目前的7.5%。① 沿线国家中,中国已经与东盟、新加坡、巴基斯坦、格鲁吉亚等十多个国家签署或升级了自由贸易协定,与摩尔多瓦、斯里兰卡、巴勒斯坦、以色列正在谈判,与蒙古、孟加拉国、尼泊尔的自贸区正处在研究阶段。共建"一带一路"和构建高标准自贸区网络两大对外开放战略结合开展,逐步形成中国与沿线国家的自由贸易区网络体系,将有利于中国进一步在区域和全球层面加强国际合作,不仅为外贸高质量发展开辟新动力,更为经济社会发展增加新潜力,同时也将造福沿线国家人民,为推动构建人类命运共同体贡献力量。

五、加强产业对接,提高 FTA 利用率,充分抓住自贸区建设的机遇

已有研究表明,中国与自贸区伙伴的产业结构和贸易结构都存在一定的互补性,双方在各产业领域有深入合作的空间。新自贸区协议或自贸区升级谈判协定签订实施后,政府和公共机构应提供相应渠道,加强双方相关产业的对接,推动双方相关企业务实合作,抓住自贸区带来的发展机遇。

但同时我们也看到,目前中国企业对 FTA 的利用率偏低。一方面,中国企业对使用自贸协定重视程度不够,尤其是中小企业比较关注生产环节而忽视对国家政策的了解与跟踪。另一方面,不同自贸协定采用的评价体系和标准具有差异性。基于生产加工地点、原料来源地、产品成分比例等因素,自贸协定的原产地规则复杂,有时获取原产地证书也会增加额外成本。因此,在 FTA 签

---

① 数据来自中国自由贸易区服务网。

订实施后,做好推广工作,提高 FTA 利用率,与 FTA 的谈判工作同等重要。政府和公共机构宣传 FTA 的同时,还可以针对不同国家 FTA 的特点、行业和次区域特点等做好 FTA 的培训与业务指导,促使贸易企业能充分利用自贸协定政策,促进中国出口企业与贸易伙伴的长期合作,提高中国出口产品在自贸伙伴国市场的竞争力,保持并扩大市场份额,提升企业的国际化水平和在国际市场的竞争力。

六、发挥自贸区优势,进一步构建人类命运共同体

2012 年 11 月,中共十八大明确提出要倡导"人类命运共同体"意识。人类命运共同体,顾名思义,就是每个民族、每个国家的前途命运都紧紧联系在一起,应该风雨同舟,荣辱与共,努力把我们生于斯、长于斯的这个星球建成一个和睦的大家庭,把世界各国人民对美好生活的向往变成现实。构建人类命运共同体思想的丰富内涵,可以从政治、安全、经济、文化、生态五个方面来理解。经济上,要同舟共济,促进贸易和投资自由化便利化,推动经济全球化朝着更加开放、包容、普惠、平衡、共赢的方向发展。自贸区战略即是一项构建人类命运共同体的经济上的重要实践途径。

2019 年以来新冠肺炎已被世界卫生组织升级为"全球性大流行病",超过140 个国家和地区出现确诊病例。短期看,疫情的发展冲击世界经济,打乱了相对完整的全球供应链,对全球经济和产业链的影响不可避免,全球经贸增长面临一定压力。这次新冠肺炎疫情给国际社会带来深刻启示:在全球化时代,各国命运相连、休戚相关,构建人类命运共同体是人类社会发展进步的唯一正确方向。

作为一个经济大国,中国具有世界上规模最大、门类最全、配套最完备的制造业体系,完整产业链优势无可替代。[①] 中国与潜在自贸区伙伴增进经济合作,加快自贸区谈判,通过进一步削减贸易壁垒,帮助企业降低成本、增强抵御风险能力,是共同抗疫的重要举措,有助于将疫情对中国外贸和世界贸易发展的影响降到最低,也深度诠释了人类命运共同体的理念。

---

① 2019 年 3 月 5 日,商务部举行网上新闻发布会,外贸司司长李兴乾发言。

第三节　研究不足与展望

第一,本书关注从对产业内贸易增长和贸易出口边际增长的视角观察区域贸易协定实施对贸易增长的影响,属于 RTA 的贸易效应范畴。首先,两个经济体谈判并签署区域贸易协定,旨在发挥 RTA 对贸易投资的促进作用,帮助企业开拓国际市场,促进成员之间的产业合作,实现资源的充分利用,提高国民收入和福利水平。因此,RTA 的贸易效应仅仅是 RTA 经济效应的一个方面。其次,参与 RTA 谈判中,谈判国积极参与国际经贸规则制定、以期更好地维护和拓展国家的发展利益。本书没有进一步展开对 RTA 对中国整体福利水平的影响分析,也缺乏从政治经济学角度对中国的 RTA 战略进行深入分析,这是将来可以进一步研究的方向。

第二,本书在 RTA 影响贸易出口边际的理论机制分析中,仅分析了集约边际和扩展边际的二元边际层次。而在实证分析部分,笔者对集约边际又分解为价格边际和数量边际进行回归,且实证结果验证了 RTA 对贸易出口的所有边际都有促进作用。因此,对 RTA 影响出口价格边际的理论机制,是否可以基于异质性企业贸易理论进行数理模型探讨,是笔者在理论上可以继续深入的方向。

第三,本书从 RTA 深度、RTA 伙伴以及制造品类型等方面实证检验 RTA 贸易效应的异质性,是从事后分析的角度分析 RTA 对中国出口贸易的影响。鉴于能力和时间所限,笔者没有从理论上去剖析 RTA 贸易效应存在异质性的内在原因,此也是笔者下一步继续深入的方向。

参考文献

中文文献：

[1] 白洁,苏庆义,2019.CPTPP 的规则、影响及中国对策：基于和 TPP 对比的分析[J].国际经济评论(1):58-76.

[2] 蔡宏波,2010.我国自由贸易区的贸易流量效应：基于面板数据的引力模型分析[J].国际贸易问题(1):25-31.

[3] 曹吉云,佟家栋,2017.影响区域经济一体化的经济地理与社会政治因素[J].南开经济研究(6):20-39.

[4] 曹亮,曾金玲,陈勇兵,2010.CAFTA 框架下的贸易流量和结构分析：基于 GTAP 模型的实证研究[J].财贸经济(4):76-84.

[5] 陈汉林,涂艳,2007.中国—东盟自由贸易区下中国的静态贸易效应[J].国际贸易问题(5):47-50.

[6] 陈淑梅,林晓凤,2018.全球价值链视角下中国 FTA 的贸易效应再检验[J].东南大学学报(哲学社会科学版)(3):32-42,146.

[7] 陈雯,2003.东盟自由贸易区区内贸易的产业内贸易研究[J].世界经济研究(1):37-41.

[8] 陈雯,2009.中国—东盟自由贸易区的贸易效应研究：基于引力模型"单国模式"的实证分析[J].国际贸易问题(11):61-66.

[9] 陈勇兵,陈宇媚,周世民,2012.贸易成本、企业出口动态与出口增长的二元边际——基于中国出口企业微观数据：2000—2005[J].经济学季刊(7):1477-1502.

[10] 陈勇兵,付浪,汪婷,等,2015.区域贸易协定与出口的二元边际：基于中国—东盟自贸区的微观数据分析[J].国际商务研究(3):21-34.

[11] 陈志阳,2015.中国自由贸易区战略研究[D].武汉:武汉大学.

[12] 程大中,2008.中美服务部门的产业内贸易及其影响因素分析[J].管理世界(9):57-66.

[13] 戴翔,宋婕,2018.我国外贸转向高质量发展的内涵、路径及方略[J].宏观质量研究(3):22-31.

[14] 邓兴华,崔凡,林洲钰,2015.全球贸易结构演化与贸易增长：基于引力模型的实证分析

[J].国际贸易问题(7):25-34.

[15] 东艳,苏庆义,2016.揭开TPP的面纱:基于文本的分析[J].国际经济评论(1):37-57.

[16] 范兆斌,周颖,2019.特惠贸易协定对出口复杂度的影响:基于中国的反事实分析[J].国际贸易问题(2):83-99.

[17] 方文超,肖晨明,2012."合成谬误"之谬[J].国际贸易问题(1):88-98.

[18] 冯宗宪,蒋伟杰,2017.基于产业内贸易视角的"一带一路"国家战略研究[J].国际贸易问题(3):166-176.

[19] 冯宗宪,王石,王华,2016.中国和中亚五国产业内贸易指数及影响因素研究[J].西安交通大学学报(1):8-16.

[20] 扶涛,王方方,2015.我国自贸区建设与对外经济开放三元边际扩展战略[J].经济问题探索(12):121-127.

[21] 龚联梅,钱学锋,2018.贸易政策不确定性理论与经验研究进展[J].经济学动态(6):106-116.

[22] 韩剑,冯帆,2018.李妍.FTA知识产权保护与国际贸易:来自中国进出口贸易的证据[J].世界经济(9):51-74.

[23] 韩剑,王灿,2019.自由贸易协定与全球价值链嵌入:对FTA深度作用的考察[J].国际贸易问题(2):54-67.

[24] 黄启才,郭志,徐明文,2019.中国自由贸易区:政策、贸易效应与影响因素[J].东南学术(1):140-150.

[25] 黄先海,陈航宇,2016."一带一路"的实施效应研究:基于GTAP的模拟分析[J].社会科学战线(5):39-49.

[26] 黄新飞,李锐,黄文锋,2017.贸易伙伴对第三方发起反倾销对中国出口三元边际的影响研究[J].国际贸易问题(1):139-152.

[27] 贾中华,2013.中国—东盟机电产品产业内贸易研究[D].武汉:武汉大学.

[28] 金京,张二震,戴翔,2015.论新形势下我国开放型经济发展战略的调整[J].经济管理(6):12-20.

[29] 孔庆峰,亓蕊,2015.基于贸易三元边际的中国服务贸易开放度分析[J].商业经济与管理(7):65-75.

[30] 李春顶,郭志芳,何传添,2018.中国大型区域贸易协定谈判的潜在经济影响[J].经济研究(5):132-145

[31] 李钢,2018.推动贸易强国建设的战略路径[J].国际贸易(4):4-6.

[32] 李丽,陈迅,邵兵家,2008a.中印自由贸易区的构建对双方及世界经济影响计量研究[J].财贸经济(4):111-117.

[33] 李丽,邵兵家,陈迅,2008b.中国—新西兰自由贸易区的构建对双方经济影响的计量研究[J].国际贸易问题(3):49-54.

[34] 李凌,匡增杰,2018.中国—东盟《服务贸易协议》促进了双边服务贸易吗?[J].经济经纬(5):67-74.

[35] 李荣林,于明言,2014.亚洲区域贸易协定的贸易效应:基于PSM方法的研究[J].国际经贸探索(12):4-16.

[36] 李晓峰,任靖楠,2009.中韩自由贸易区的建立对中韩两国净出口与就业影响的实证分析[J].国际贸易问题(6):56-63.

[37] 梁俊伟,魏浩,2016.非关税措施与中国出口边际[J].数量经济技术经济研究(3):3-7,22.

[38] 林琳,2005.产业内贸易研究[D].济南:山东大学.

[39] 林梦瑶,张中元,2019.区域贸易协定中竞争政策对外商直接投资的影响[J].中国工业经济(8):99-117

[40] 刘洪愧,2016.区域贸易协定对增加值贸易关联的影响基于服务贸易的实证研究[J].财贸经济(8):127-143.

[41] 刘青,陶攀,洪俊杰,2017.中国海外并购的动因研究:基于广延边际与集约边际视角[J].经济研究(1):28-43.

[42] 刘宇,张亚雄,2011.欧盟—韩国自贸区对我国经济和贸易的影响:基于动态GTAP模型[J].国际贸易问题(11):106-115.

[43] 吕宏芬,郑亚莉,2013.对中国—智利自由贸易区贸易效应的引力模型分析[J].国际贸易问题(2):49-57.

[44] 马征,2007.从产业间贸易到产业内贸易:演进机制分析与中国实证研究[D].杭州:浙江大学.

[45] 潘涛,2017.贸易强国评述及未来展望[J].社会科学家(11):74-79.

[46] 裴长洪,刘洪愧,2017.中国怎样迈向贸易强国:一个新的分析思路[J].经济研究(5):26-43.

[47] 裴长洪,于燕,2015."一带一路"建设与我国扩大开放[J].国际经贸探索(10):4-17.

[48] 钱学锋,2008.企业异质性、贸易成本与中国出口增长的二元边际[J].管理世界(9):48-56,66.

[49] 钱学锋,龚联梅,2017.贸易政策不确定性、区域贸易协定与中国制造业出口[J].中国工业经济(10):81-98.

[50] 钱学锋,熊平,2010.中国出口增长的二元边际及其因素决定[J].经济研究(1):65-79.

[51] 仇焕广,杨军,黄季焜,2007.建立中国—东盟自由贸易区对我国农产品贸易和区域农

业发展的影响[J].管理世界(9):56-61,75.

[52] 丘东晓,2011.自由贸易协定理论与实证研究综述[J].经济研究(9):147-157.

[53] 曲越,秦晓钰,黄海刚,夏友富,2018.基于效应异质性的中国FTA国别选择研究[J].国际贸易问题(10):72-87.

[54] 尚涛,殷正阳,2018.中国与"一带一路"地区的新产品边际贸易及贸易增长研究[J].国际贸易问题(3):67-84.

[55] 沈铭辉,2010.中国参与双边FTA:历程与前瞻[J].国际经济合作(4):4-9.

[56] 盛斌,2015.建设国际经贸强国的经验与方略[J].国际贸易(10):4-14.

[57] 施炳展,2010.中国出口增长的三元边际[J].经济学(季刊)(3):1311-1330.

[58] 施炳展,2011.中美贸易失衡的三元边际:基于广度、价格与数量的分解[J].世界经济研究(1):39-43.

[59] 孙莹,耿心怡,2014.中国高技术产品产业内贸易影响因素研究[J].科研管理(7):27-34.

[60] 孙宇,2013.中国区域经济一体化战略构建研究[D].北京:首都经济贸易大学.

[61] 唐宜红,2017.当前全球贸易保护主义的特点及发展趋势[J].学术前沿(17):8.

[62] 田聪颖,肖海峰,2018.FTA背景下中韩双边出口增长的三元边际特征及前景分析[J].世界经济研究(4):97-110.

[63] 田伊霖,武芳,2019.推进中非贸易高质量发展的思考——2018年中非贸易状况分析及政策建议[J].国际贸易(6):12-17.

[64] 佟家栋,刘程,2017.与对外贸易政策相连接的产业政策——试论产业政策与政府干预[J].南开学报(哲学社会科学版)(6):6.

[65] 汪颖博,朱小明,袁德胜,等,2014.CAFTA框架下贸易成本、自由贸易政策与中国进口增长的二元边际[J].宏观经济研究(10):41-51.

[66] 王孝松,施炳展,谢申祥,等,2014.贸易壁垒如何影响了中国的出口边际?——以反倾销为例的经验研究[J].经济研究(11):58-71.

[67] 王艳红,2010.中国—东盟自由贸易区的经济效应研究[D].天津:南开大学.

[68] 威克海姆,汤姆逊,1991.产业内贸易的经验性分析与多国企业[J].宁维高,译.现代经济译丛(4):25-31.

[69] 魏浩,郭也,2016.中国进口增长的三元边际及其影响因素研究[J].国际贸易问题(2):37-49.

[70] 魏昀妍,樊秀峰,2017."一带一路"背景下中国出口三元边际特征及其影响因素分析[J].国际贸易问题(6):166-176.

[71] 吴小康,韩剑,2019.中国的自贸区战略只重量而不重质吗?——基于RTA文本数据

的研究[J].世界经济与政治论坛(7):1-28.

[72] 吴学君,龚梦.2011.中国农产品产业内贸易影响因素的实证研究[J].经济地理(7):
1185-1189.

[73] 谢建国,谭利利,2014.区域贸易协定对成员国的贸易影响研究:以中国为例[J].国际
贸易问题(12):54-67.

[74] 谢锐,2012.东亚区域经济一体化进程中中国贸易结构变迁与经济效应研究[D].长沙:
湖南大学.

[75] 杨凤,2016.中国东盟自贸区建设背景下云南—东盟农产品贸易效应分析[J].农业经
济(4):128-130.

[76] 杨勇,2011.国际区域经济一体化与中国对外贸易:基于贸易效应与生产效应的研究
[M].北京:人民出版社.

[77] 杨重玉,高岚,2018.中国—东盟自由贸易区的中国农产品出口贸易效应[J].北京工商
大学学报(社会科学版)(7):43-52.

[78] 原瑞玲,田志宏,2014.中国—东盟自贸区农产品贸易效应的实证研究[J].国际经贸探
索(4):65-74.

[79] 张恒龙,葛尚铭,2017.新兴经济体自由贸易协定(FTA)战略的贸易促进效应研究:以
印度为例[J].世界经济研究(7):122-134,137.

[80] 张焦伟,2009.FTA的经济效益与我国伙伴选择策略研究[D].天津:南开大学.

[81] 张琳,2010.中国东盟自由贸易区框架下贸易增长的二元边际分析[D].天津:南开
大学.

[82] 张应武,郑凡之,2019.中国内容异质性FTA的贸易效应研究[J].国际经贸探索(3):
37-53.

[83] 张中元,2019.区域贸易协定的水平深度对参与全球价值链的影响[J],国际贸易问题
(8):95-108.

[84] 赵金龙,张蕊,陈健,2019.中国自贸区战略的贸易创造与转移效应研究:以中国—新西
兰FTA为例[J].国际经贸探索(4):27-41.

[85] 赵晋平,等,2018.全球化视野下的我国自贸区战略[M].广州:广东经济出版社.

[86] 钟建军,2016.中国高技术产品出口真的超过日本了吗——基于三元边际分解的实证
分析[J].国际贸易问题(11):86-96.

[87] 周丽群,2019.新形势下推进贸易强国建设的思考[J].红旗文稿(11):23-25.

[88] 周曙东,崔奇峰,2010.中国—东盟自由贸易区的建立对中国进出口贸易的影响[J].国
际贸易问题(3):54-59.

[89] 周曙东,胡冰川,吴强,等,2006.中国—东盟自由贸易区的建立对区域农产品贸易的动

态影响分析[J].管理世界(10):14-21.

[90] 周晔,2015.基于贸易二元边际的中国出口增长转型研究[D].南昌:江西财经大学.

外文文献：

[1] Abadie A, Imbens G W, 2006. Large sample properties of matching estimators for average treatment effects[J]. Econometrica, Econometric Society (1):235-267.

[2] Aggarwal S, Chakraborty D, 2017. Determinants of India's bilateral Intra-Industry trade over 2001—2015:empirical results[J]. South Asia Economic Journal (2):296-313.

[3] Aghion P, Antràs P, Helpman E, 2007. Negotiating free trade[J]. Journal of International Economics (1):1-30.

[4] Aitken B N D, 1973. The effect of the EEC and BETA European trade: a temporal Cross-Section analysis[J]. American Economic Review(5):881-892.

[5] Amurgo-Pacheco A, Pierola M D, 2007. Patterns of export diversification in developing countries[R]. IHEID Working Paper.

[6] Anderson J E, Yotov Y V, 2016. Terms of trade and global efficiency effects of free trade agreements, 1990—2002[J]. Journal of International Economics, 99:279-298.

[7] Anderson J, van Wincoop E, 2004. Trade costs[J]. Journal of Economic Literature(3): 691-751.

[8] Antràs P, 2003. Firms, contracts, and trade structure[J]. The Quarterly Journal of Economics(4):1375-1418.

[9] Bagwell K, Staiger R, 1997a. Multilateral tariff cooperation during the formation of free trade areas[J]. Journal of International Economics (2):291-319.

[10] Bagwell K, Staiger R, 1997b. Multilateral tariff cooperation during the formation of customs unions[J]. Journal of International Economics (1-2):91-123.

[11] Baier S L, Bergstrand J H, 2004. Economic determinants of free trade agreements[J]. Journal of International Economics (1):29-63.

[12] Baier S L, Bergstrand J H, Clance M W, 2017. Heterogeneous economic integration agreements' effects, gravity, and welfare[R]. Discussion Papers, University of Nottingham, GEP.

[13] Baier S L, Bergstrand J H, Feng M, 2014. Economic integration agreements and the margins of international trade[J]. Journal of International Economics (2):339-350.

[14] Baier S L, Bergstrand J H, Feng M, 2015. Heterogeneous economic integration agreement effects[R]. CESIFO Working Paper, NO. 5488.

[15] Baier S L, Bergstrand J, 2007. Do free trade agreement actually increase members' inter-

national trade? [J]. Journal of International Economics (1):72-95.

[16] Baier S L,Bergstrand J,2009. Estimating the effects of free trade agreements on international trade flows using matching econometrics[J]. Journal of International Economics (1):63-76.

[17] Baier S L,Kerr A,Yotov Y V,2017. Gravity, distance, and international trade[R]. CESifo Working Paper Series 6357.

[18] Baier S L,Yotov Y V, Zylkin T,2019. On the widely differing effects of free trade agreements:lessons from twenty years of trade integration[J]. Journal of International Economics, 116:206-226.

[19] Balassa B,1963. European integration:problems and issues[J]. The American Economic Review,53:175-184

[20] Balassa B,1967. Trade-Creation trade diversion in the European common market[J]. Economic Journal,77:1-21.

[21] Balassa B,1986a. The determinants of Intra-Industry specialization in United States trade[J]. 38(2):220-233.

[22] Balassa B,1986b. Intra-Industry specialization:a cross-country analysis[J]. European Economic Review,30:27-42.

[23] Balassa B,Bauwens L,1987. Intra-Industry specialisation in multi-country and Multi-industry framework[J]. Economic Journal,97:923-939.

[24] Balassa B,Bauwens L,1988. The determinants of intra-european trade in manufactured goods[J]. European Economic Review,32:1421-1437.

[25] Baldwin R A,1993. Domino theory of regionalism[R]. NBER Working Paper,No 4465.

[26] Baldwin R E,Nicoud F R,2005. Trade and growth with heterogeneous firms[R]. CEPR Discussion Paper Series,No. 4965.

[27] Baldwin R,Jaimovich D,2012. Are free trade agreements contagious[J]. Journal of International Economics (1):1-16.

[28] Bergstrand J H,Egger P,2006. Trade costs and Intra-Industry trade[J]. Review of World Economics(3):433-458.

[29] Bernard A B,Redding S J,Schott P K,2011. Multi-product firm and trade liberalization [J]. The Quarterly Journal of Economics (3):1271-1318.

[30] Bernard A B,Eaton J,Jensen J B et al. ,2003. Plants and productivity in international trade[J]. American Economic Review (4):1268-1292.

[31] Bernard A B,Jensen J B,1999. Exceptional exporter performance:cause, effect, or

both? [J]. Journal of InternationalEconomics，47：1-25.

[32] Bernard A B，Jensen J B，Redding S J et al. ，2007. Firms in international trade[J]. Journal of Economic Perspectives (3)：105-130.

[33] Bernard A B，Jensen J B，Schott P K，2006. Trade costs，firms and productivity[J]. Journal of Monetary Economics (1)：917-937.

[34] Bernard A B，Redding S J，Schott P K，2009a. The margins of U. S. trade[J]. American Economic Review (2)：487-493.

[35] Bernard A B，Redding S J，Schott P K，2009b. Products and productivity[J]. Scandinavian Journal of Economics (4)：681-709.

[36] Brander J，1981. Intra-Industry trade in identical commodities[J]. Journal of International Economics(11)：1-14.

[37] Brander J，Krugman P，1983. A reciprocal dumping model of international trade[J]. Journal of International Economics(15)：313-321.

[38] Brülhart M，1994. Marginal Intra-Industry trade：measurement and relevance for the pattern of Industrial adjustment[J]. Review of World Economics ，130：600-613.

[39] Buono I，Lalanne G，2012. The effect of the Uruguay round on the intensive and extensive margins of trade[J]. Journal of International Economics(2)：269-283 .

[40] Carballo J，Handly K，Limão N，2018. Economic and policy uncertainty：export dynamics and the value of agreements[R]. NBER Working Paper，No. 24368.

[41] Celi G，1999. Vertical and horizontal Intra-Industry trade：what is the empirical evidence for the UK[R]. Centre of Lbour Economics and Economic Policy Discussion Paper 49，Unversity of Salerno.

[42] Chaney T，2008. Distorted Gravity：the intensive and extensive margins of international trade[J]. American Economic Review (4)：1707-1721.

[43] Clausing K A，2001. Trade creation and trade diversion in the Canada-United States Free Trade Agreement[J]. Canadian Journal of Economics (3)：677-696.

[44] Damuri Y R，2012. 21st Century regionalism and production sharing practice[R]. Center for Trade and Economic Integration Working Paper.

[45] Dixit A K，Stiglitz J，1977. Monopolistic competition and optimum product diversity [J]. American Economic Review (3)：297-308.

[46] Eaton J，Kortum S，Kramarz F，2004. An anatomy of international trade：evidence from French firms[M]. New York：New York University.

[47] Egger H，Egger P，Greenaway D，2004. Intra-Industry trade with multinational firms：

theory, measurement and determinants[R]. GEP Discussion Paper, No 2004/10, University of Nottingham.

[48] Egger H,Egger P,Greenaway D,2008. The trade structure effects of endogenous regional trade agreements[J]. Journal of International Economics (2):278-298.

[49] Egger P,Larch M,Staub K,Winkelmann R,2011. The Trade effects of endogenous preferential trade agreements[J]. American Economic Journal: Economic Policy (3): 113-143.

[50] Egger P,Larch M. 2008. Interdependent preferential trade agreement memberships: an empirical analysis[J]. Journal of International Economics (2):384-399.

[51] Eicher T S,Henn C,2011. In search of WTO trade effects:preferential trade agreements promote trade strongly, but unevenly[J]. Journal of International Economics (3): 137-153.

[52] Falvey R,1981. Commercial policy and Intra-Industry trade[J]. Journal of International Economics (4):495-511.

[53] Flam H,Nordstrom H,2006. Euro effects on the intensive and extensive margins of trade[R]. CESifo Working Paper.

[54] Fontagné L, Freudenberg M, 2002. Long-term trends in Intra-Industry trade[R]. in: Lloyd, Huyn-Hoon Lee(eds.).

[55] Fontagné L,Freudenberg M,1997a. Intra-Industry trade:methodological issues reconsidered[R]. CEPII Working Paper,No. 97-01.

[56] Fontagné L,Freudenberg M,Péridy N,1997b. Trade pattern inside the single market [R]. CEPII Working paer,No,97-07.

[57] Neil F,Poeschl J,2011. The impact of preferential trade agreements on the margins of international trade[J]. Economic Systems,35:84-97.

[58] Frensch R, 2009. Trade Liberalisation and import margins [J]. EmergingMarkets Finance&Trade (3):4-22.

[59] Fugazza M,Nicita A,2013. The direct and relative effects of preferential market access [J]. Journal of International Economics (2):357-368.

[60] Fukao K,Ishido H,Ito K,2003. Vertical Intra-Industry trade and foreign direct investment in East Asia[J]. Journal of Japanese and International Economics (4):468-506.

[61] Ghironi F,Melitz M J,2005. International trade and macroeconomic dynamics with heterogeneous firms[J]. The Quarterly Journal of Economics (3):865-915.

[62] Greenaway D,Hine R,Milner C,1995. Vertical and horizontal Intra-Industry trade:a

cross industry analysis for the United Kingdom[J]. The Economic Journal, 126:
1505-1518.

[63] Grossman G, Helpman E, 1995. The politics of free trade agreements[J]. American Economic Review (4):667-690.

[64] Grubel H G, Lloyd P J, 1975. Intra-Industry trade[M]. London: Macmillan.

[65] Handley K, 2014. Exporting under trade policy uncertainty: theory and evidence[J]. Journal of International Economics, 94:50-66.

[66] Handley K, Limão N, 2015. Trade and investment under policy uncertainty: theory and firm evidence[J]. American Economic Journal: Economic Policy, American Economic Association (4):189-222.

[67] Helpman E, 1981. International trade in the presence of product differentiation, economics of scale and monopolistic competition[J]. Journal of International Economics (11):305-340.

[68] Helpman E, Melitz M, Rubinstein Y, 2008. Estimating trade flows: trading partners and trading volumes[J]. Quarterly Journal of Economics (2):441-487.

[69] Hillberry R, McDaniel, 2002. A decomposition of North American trade growth since NAFTA[R]. U. S. International Trade Commission(USITC) Working Paper.

[70] Hofmann C O, Alberto O, Michele R, 2017. Horizontal depth: a new database on the content of deep agreements[R]. Policy Research Working Paper, World Bank.

[71] Horn H, Mavroidis P C, Sapir A, 2010. Beyond the WTO? an anatomy of EU and US preferential trade agreements[J]. The World Economy (11):1565-1588.

[72] Horstmann I J, Markusen J R, 1992. Endogenous market structures in international trade (natura facit saltum)[J]. Journal of International Economics (1-2):109-129.

[73] Hummels D, Klenow P, 2005. The variety and quality of a nation's exports[J]. American Economic Review (3):704-723.

[74] Ju J, Krichna K, 1996. Market access and welfare effects of free trade areas without rules of origin[R]. NBER Working Paper, No. 5480.

[75] Kancs d 'A, 2007. Trade growth in a heterogeneous firm model: evidence from south eastern Europe[J]. World Economy (7):1139-1169.

[76] Kehoe T, Rossbach J, Rukl K J, 2015. Using the new products margin to predict the Industry-Level impact of trade reform [J]. Journal of International Economics (2): 289-297.

[77] Kehoe T, Ruhl K, 2013. How important is the new goods margin in international trade?

[J]. Journal of Political Economy (2):358-392.

[78] Krautheim S,2007. Gravity and information:heterogeneous firms, exporter networks and the distance puzzle[R]. EUI Working Paper, No. 2007/51.

[79] Krautheim S,2012. Heterogeneous firms, exporter networks and the effect of distance on international trade[J]. Journal of International Economics, 87:27-35.

[80] Krishna P, 2003. Are regional trading partners "natural"? [J]. Journal of Political Economy (1):202-226.

[81] Krueger A. 1999. Trade creation and trade diversion under NAFTA[R]. NBER Working Paper ,No. 7429.

[82] Krugman P R, 1979. Increasing returns, monopolistic competition and international trade[J]. Journal of International Economics (9):469-479.

[83] Krugman P R,1981. Intra-Industry specialization and the gains from Trade[J]. Journal of Political Economy,89:959-973.

[84] Krugman P R,1980. Scale economies, product differentiation, and the pattern of trade [J]. The American Economic Review,70:950-959.

[85] Krugman P,1991. Increasing returns and economic geograohy [J]. The Journal of Political Economy, 99(3):483-499.

[86] Kucuksakarya S,2014. Free trade agreement and marginal intra industry trade:the case of Turkey and Israel[J]. International Journal of Economics and Research (2):65-79.

[87] Lall S,2000. The technological structure and performance of developing country manufactured exports, 1995-1998[J]. Oxford Development Studies(3) :337-369.

[88] Lancaster K,1980. Intra-Industry trade under perfect monopolistic competition[J]. Journal of International Economics (2):151-175.

[89] Lawrence R,1996. Regionalism, Multilateralism,and deeper integration[M]. Washington,DC:Brookings Institution.

[90] Leitão N C,Faustino H,2009. Intra-Industry trade in the automobile components industry:an empirical analysis[J]. Journal of Global Business and Technology(1) :31-41.

[91] Leitão N C,Shahbaz M,2012. Liberalization and United States' Intra-Industry trade [J]. International Journal of Economics and Financial Issues (4):506-512.

[92] Limão N,2016. Preferential trade agreements[R]. NBER Working Paper, No. 22138.

[93] Limão N,Maggi G,2015. Uncertainty and trade agreements[J]. American Economic Journal:Microeconomics (4):1-42.

[94] Ling F,Li Z Y,Swenson D L,2017. Trade policy uncertainty and exports:evidence from

China's WTO accession[J]. Journal of International Economics,106:20-36.

[95] Magee C S,2008. New measures of trade creation and trade diversion[J]. Journal of International Economics (2):349-362.

[96] Maggi G,2014. International trade agreements[C]// Gopinath, Helpman, Rogoff. The handbook of international economics (4):317-390.

[97] Mattoo A,Mulabdic A,Ruta M,2017. Trade creation and trade diversion in deep agreements[R]. World Bank Policy Research Working Paper,8206.

[98] Melitz M,Redding S,2015. New trade models, new welfare implications[J]. American Economic Review (3):1105-1146.

[99] Melitz M,2003. The impact of trade on Intra-Industry reallocations and aggregate industry productivity[J]. Econometrica (6):1695-1725.

[100] Namini J. E. and Lopez, R. A. 2006. Random versus conscious selection into export markets—theory and empirical evidence[R]. Working Paper.

[101] Osnago A, Nadia R,Michele R,2016. Deep trade agreements and global value chains [R]. Working Paper,World Bank.

[102] Paul M, Saggiy K, Yildiz H M, 2016. External trade diversion, exclusion incentives and the nature of preferential trade agreements[J]. Journal of International Economics,99:105-119.

[103] Puga D,Venable A,1997. Preferential trading arrangement and industrial location[J]. Journal of International Economics (3-4):347-368.

[104] Redding S,2011. Theories of heterogeneous firms and trade [J]. Annual Review of Economics(3):77-105.

[105] Romalis J,2007. NAFTA's and CUSFTA's impact on international trade[J]. The Review of Economics and Statistics,89:416-435.

[106] Rosenbaum P R,Rubin R U,1985. Constructing a control group using multivariate matched sampling methods that incorporate the propensity score[J]. The American Statistician,39:33-38

[107] Sawyer W C,Sprinkle R L,Tochkov K,2010. Patterns and determinants of Intra-Industry trade in Asia[J]. Journal of Asian Economics,21:485-493.

[108] Shaked A,Sutton J,1984. Natural oligopolies and international trade[M]// Kierzkowski. Monopolistic competiton and international trade. Oxfod: Oxfod University Press.

[109] Sushil K,Shahid A,2015. Intra-Industry trade and trade complementarity: evidence

from India-Sri Lanka bilateral trade[J]. Journal of International Economics (2):38-70.

[110] Trefler D,2004. The long and short of the Canada-U. S. free trade agreement[J]. American Economic Review (4):870-895.

[111] Urata J,Kiyota K,2003. The impacts of an east Asia FTA on foreign trade in east Asia [R]. NBER Working Paper, No. 10173.

[112] Viner J,1950. The Customs union issue[M]. New York:Carnegie Endowment for International Peace.

[113] Wakasugi R,2007. Vertical Intra-Industry trade and economic integration in East Asia [J]. Asian Economic Papers(6) :26-39.

[114] Whalley J,Leith J C,2003. Competitive Liberalization and a US-SACU FTA[R]. NBER Working Paper ,No. 10168 .

[115] Wooldridge J M,2000. Introductory econometrics[M]. Chicago:South-Western.

[116] Wooldridge J M,2010. Econometric analysis of cross section and panel data[M]. Cambridge, MA:MIT Pres.

[117] Yilmazkuday D, Yilmazkuday H, 2014. Bilateral versus multilateral free trade agreements:a welfare analysis[J]. Review of International Economics (3):513-535.

附　录

附表 1　RTA 条款内容

<table>
<tr><td colspan="3">WTO+条款</td></tr>
<tr><td>序号</td><td>涉及领域</td><td>具体内容</td></tr>
<tr><td>1</td><td>FTA Industrial or Customs</td><td>工业品关税</td><td>对于工业产品关税自由化,消除非关税措施</td></tr>
<tr><td>2</td><td>FTA Agriculture</td><td>农产品关税</td><td>对于农产品关税自由化,消除非关税措施</td></tr>
<tr><td>3</td><td>Customs</td><td>贸易便利化</td><td>提供信息;在互联网上发布新的法律法规;培训。包括贸易便利化条款</td></tr>
<tr><td>4</td><td>Export Taxes</td><td>出口税</td><td>取消出口税。例如取消出口关税、税收或其他费用</td></tr>
<tr><td>5</td><td>SPS</td><td>动植物卫生检疫措施</td><td>确认《WTO STE 协定》项下的权利和义务;协调 SPS 措施</td></tr>
<tr><td>6</td><td>TBT</td><td>技术贸易壁垒</td><td>确认《世贸组织 TBT 协定》项下的权利和义务;提供信息;协调条例;相互承认协定</td></tr>
<tr><td>7</td><td>STE</td><td>国有企业</td><td>关贸总协定第十七条。根据并确认关贸总协定的规定设立或维持国有企业。不歧视生产和营销状况;提供信息</td></tr>
<tr><td>8</td><td>AD</td><td>反倾销</td><td>保留 WTO 协定规定的反倾销权利和义务（关贸总协定第六条）</td></tr>
<tr><td>9</td><td>CVM</td><td>反补贴</td><td>保留 WTO 协定项下的反补贴措施权利和义务</td></tr>
<tr><td>10</td><td>State Aid</td><td>国家援助</td><td>反竞争行为评估;国家援助的价值和分配年度报告;提供信息</td></tr>
</table>

续表

序号	涉及领域		具体内容
11	Public Procurement	政府采购	逐步自由化;国民待遇和/或非歧视原则;在互联网上发布法律和法规;政府采购制度规范
12	TRIMs	与贸易有关的投资设施	关于外商直接投资地方内容和出口业绩要求的规定。适用于货物贸易
13	GATS	服务贸易总协议	服务贸易自由化
14	TRIPs	与贸易有关的知识产权协议	标准的协调;执行;国民待遇,最受欢迎的国民待遇。TRIPS 中引用的国际条约:巴黎公约、伯尔尼公约、罗马公约、IPIC 条约
WTO-X 条款			
15	Anti-Corruption	反腐败	关于刑事犯罪的条例影响国际贸易和投资的措施
16	Competition Policy	竞争政策	一般而言,竞争政策的适配/规定可包括反竞争商业行为的规定;竞争法的协调;建立或维护独立竞争机构等
17	Environmental Laws	环境法	制定环境标准;执行国家环境法;制定违反环境法的制裁措施;出版法律法规
18	IPR	其他知识产权协议	加入《TRIPS 协定》未提及的国际条约
19	Investment	投资	信息交流;制定法律框架;程序的协调和简化;国民待遇;建立争端解决机制
20	Labour Market Regulation	劳动力市场规则	国家劳动力市场的监管;国际劳工组织(ILO)承诺的确认;执行
21	Movement of Capital	资本流动	资本流动自由化;禁止新的限制
22	Consumer Protection	消费者保护	消费者保护法的协调;信息和专家交流;培训
23	Data Protection	数据保护	信息和专家交流;联合项目
24	Agriculture	农业	进行现代化项目的技术援助;信息交流
25	Approximation of Legislation	近似立法	国际立法在国家立法中的应用。规定近似法律的任何形式的立法
26	Audio Visual	视听	促进行业发展;鼓励合作生产
27	Civil Protection	市民保护	实施协调规则

续表

序号	涉及领域		具体内容
28	Innovation Policies	创新政策	参与框架方案;促进技术转让
29	Cultural Cooperation	文化合作	促进联合倡议和当地文化
30	Economic Policy Dialogue	经济政策对话	交换意见;联合研究
31	Education and Training	教育和培训	提高普通教育水平的措施
32	Energy	能源	信息交流;技术转让;联合研究
33	Financial Assistance	金融援助	指导给予和管理财政援助的一套规则
34	Health	健康	疾病监测;卫生信息系统的发展;信息交流
35	Human Rights	人权	尊重人权
36	Illegal Immigration	非法移民	签订再入协议;预防和控制非法移民
37	Illicit Drugs	违禁药物	吸毒者的治疗和康复;预防消费联合项目;减少毒品供应;信息交流
38	Industrial Cooperation	工业合作	协助进行现代化项目;促进并获得信贷融资
39	Information Society	信息安全	信息交流;传播新技术;培训、合作和信息交流(通常在其他政策的背景下)
40	Mining	矿业	交流信息和经验;制定联合倡议
41	Money Laundering	洗钱	标准的协调;技术和行政援助
42	Nuclear Safety	核安全	法律法规的制定;放射性物质运输的监督
43	Political Dialogue	政治对话	各缔约方在国际问题上的立场一致
44	Public Administration	公共管理	技术援助;信息交流;联合项目;培训
45	Regional Cooperation	区域保护	促进区域合作;技术援助方案
46	Research and Technology	研发和技术	联合研究项目;研究人员交流;公私合作的发展

序号	涉及领域		具体内容
47	SMEs	中小企业	技术援助;便利获得资金
48	Social Matters	社会事务	社会保障体系的协调;对工作条件的不歧视
49	Statistics	统计	协调和/或发展统计方法;培训
50	Taxation	税收	协助进行财政体制改革
51	Terrorism	恐怖主义	交流信息和经验;联合研究
52	Visa and Asylum	签证和庇护	信息交流;立法起草;培训。包括国际人员流动

注:根据 Hofmann 等(2017)研究得到。

附表 2 中国 RTA WTO＋条款深度 （单位:条）

条款	中国—东盟	中国—智利	中国—巴基斯坦	中国—新西兰	中国—新加坡	中国—秘鲁	中国—哥斯达黎加	中国—冰岛	中国—瑞士	中国—韩国	中国—澳大利亚	中国—格鲁吉亚	小计
工业品关税	2	2	2	2	2	2	2	2	2	2	2	2	28
农产品关税	2	2	2	2	2	2	2	2	2	2	2	2	28
贸易便利化	0	2	2	2	2	2	2	2	2	2	2	2	24
出口税	0	2	2	2	0	2	2	2	0	1	2	2	17
动植物卫生检疫措施	0	0	2	2	2	2	2	2	2	2	2	2	22
技术性贸易壁垒	0	0	2	2	2	2	2	2	2	2	2	2	20
国有企业	0	0	0	2	0	2	0	0	2	0	2	0	10
反倾销	2	2	1	2	2	2	1	1	2	2	2	2	23
反补贴	2	2	1	2	2	2	1	1	2	2	2	2	25
国家援助	0	2	1	2	0	0	2	2	0	0	0	0	9
政府采购	0	0	0	0	0	0	0	0	1	1	1	0	5
与贸易有关的投资设施	0	0	0	2	0	2	2	0	0	2	0	0	8
服务贸易总协定	0	2	0	2	2	2	2	2	2	2	2	2	22
与贸易有关的知识产权条约	0	2	0	2	0	2	2	2	2	2	2	2	18
深度	8	16	15	26	20	24	20	22	21	24	21	20	

资料来源:根据 Hofmann 等(2017)以及笔者计算得。

附表 3　中国 RTA WTO-X 条款深度

（单位：条）

条款	中国—东盟	中国—智利	中国—巴基斯坦	中国—新西兰	中国—新加坡	中国—秘鲁	中国—哥斯达黎加	中国—冰岛	中国—瑞士	中国—韩国	中国—澳大利亚	中国—格鲁吉亚	小计
反腐败	0	0	0	0	0	0	0	0	0	0	0	0	0
竞争政策	0	0	0	0	0	0	0	1	1	2	1	2	7
环境法	0	1	0	1	0	0	0	1	1	1	0	1	6
IPR	0	1	2	2	0	0	2	2	2	2	0	0	15
投资	0	1	2	2	2	0	2	0	2	2	2	1	18
劳动力市场规则	0	1	0	1	0	0	0	1	0	0	0	0	3
资本流动	0	0	0	0	0	2	2	2	0	2	2	2	12
消费者保护	0	0	0	2	0	0	0	0	0	1	0	0	3
数据保护	0	0	0	0	0	0	0	0	0	0	1	0	1
农业	0	0	0	0	0	0	0	0	1	1	0	0	2
近似立法	0	0	0	0	0	0	0	0	0	0	0	0	0
视听	0	0	0	0	0	0	0	0	0	0	0	0	0
市民保护	0	0	0	0	0	0	0	0	0	0	0	0	0
创新政策	0	0	0	0	0	0	0	0	1	0	0	0	1
文化合作	0	1	0	0	0	0	0	0	0	1	0	0	2

续表

条款	中国—东盟	中国—智利	中国—巴基斯坦	中国—新西兰	中国—新加坡	中国—秘鲁	中国—哥斯达黎加	中国—冰岛	中国—瑞士	中国—韩国	中国—澳大利亚	中国—格鲁吉亚	小计
经济政策对话	0	1	0	0	0	0	0	1	0	0	0	0	2
教育和培训	0	1	0	0	0	0	0	1	0	0	0	0	2
能源	0	0	0	0	0	0	0	0	0	1	0	0	1
金融援助	0	0	0	0	0	0	0	0	0	0	0	0	0
健康	0	0	0	0	0	0	0	0	0	0	0	0	0
人权	0	0	0	0	0	0	0	0	0	0	0	0	0
非法移民	0	0	0	0	0	0	0	0	0	0	0	0	0
违禁药物	0	0	0	0	0	0	0	0	0	0	0	0	0
工业合作	0	1	0	2	2	0	0	0	1	1	1	0	5
信息安全	0	0	0	2	0	0	0	0	0	1	1	0	4
矿业	0	1	0	0	0	0	0	0	0	0	0	0	1
洗钱	0	0	0	0	0	0	0	0	0	0	0	0	0
核安全	0	0	0	0	0	0	0	0	0	0	0	0	0
政治对话	0	0	0	0	0	0	0	0	0	0	0	0	0
公共管理	0	0	0	0	0	0	0	0	0	0	0	0	0

续表

条款	中国—东盟	中国—智利	中国—巴基斯坦	中国—新西兰	中国—新加坡	中国—秘鲁	中国—哥斯达黎加	中国—冰岛	中国—瑞士	中国—韩国	中国—澳大利亚	中国—格鲁吉亚	小计
区域保护	0	0	0	0	2	0	0	0	0	0	0	0	2
研发和技术	0	1	0	0	0	0	0	1	0	1	0	0	3
中小企业	0	1	0	1	0	0	0	0	0	1	0	0	3
社会事务	0	1	0	0	0	0	0	0	0	0	0	0	1
统计	0	0	0	0	0	0	0	0	0	0	0	0	0
税收	0	0	0	0	0	0	0	0	0	0	0	0	0
恐怖主义	0	0	0	0	0	0	0	0	0	0	0	0	0
签证和庇护	0	0	0	2	2	2	1	0	0	0	0	0	7
深度	0	12	4	13	8	4	7	10	9	17	7	6	

资料来源：根据 Hofmann 等（2017）以及笔者计算得到。

附表 4 1998—2017 年中国对 FTA 贸易伙伴的产业内贸易额

（单位:亿元）

贸易伙伴	1998	1999	2000	2001	2002	2003	2004	2005	2006	2007	2008	2009	2010	2011	2012	2013	2014	2015	2016	2017
澳大利亚	997.00	1267.09	1757.47	1863.92	2273.24	2779.50	3575.43	3931.78	4353.76	4986.90	5519.42	5257.84	5965.36	7905.72	9130.43	6181.77	5664.74	6208.86	5911.62	8945.30
文莱	0.07	0.00	0.00	0.60	0.12	0.03	0.22	0.00	0.02	0.08	0.09	0.15	1.42	0.87	1.27	1.45	10.57	4.20	1.68	3.68
缅甸	9.41	21.50	29.17	50.13	32.31	38.77	43.49	28.96	41.82	123.61	90.93	140.01	115.05	60.12	97.80	1808.37	1333.29	1909.91	1595.24	1709.11
柬埔寨	3.79	2.64	0.00	0.44	0.22	11.43	20.23	22.23	22.83	57.98	35.53	32.98	71.33	149.83	271.48	388.10	401.50	735.60	692.76	862.60
智利	16.45	20.86	13.18	17.82	31.25	59.74	101.76	95.78	154.51	180.27	414.03	479.08	621.03	706.65	628.45	833.87	839.96	896.18	699.85	888.52
哥斯达黎加	4.46	0.21	1.01	8.94	8.28	12.17	25.04	49.45	58.88	70.32	56.08	65.13	128.21	151.63	185.51	329.54	409.40	477.74	479.72	264.44
冰岛	0.00	0.16	1.47	0.55	0.39	0.08	0.41	2.44	2.04	2.93	4.18	2.27	5.64	6.80	19.79	17.50	9.11	8.58	19.48	17.95
印度尼西亚	1187.63	1265.10	3072.28	2961.99	3456.75	4710.82	6021.45	8744.22	9051.51	11360.73	12324.03	10062.37	13664.67	16334.03	17515.08	18039.99	19657.95	15899.43	13485.76	18763.94
韩国	10551.61	13999.36	19623.53	21985.81	27239.67	37768.62	47638.48	54412.19	90517.69	112761.31	136490.30	113506.12	167345.42	202032.56	216912.07	236280.45	236852.56	235216.90	214495.43	226275.70
老挝	0.69	0.78	1.98	0.27	0.13	0.24	0.57	1.41	2.89	5.59	11.65	19.74	21.72	18.23	15.56	30.53	81.89	486.98	436.43	699.55
马来西亚	2175.85	2843.57	5219.30	6657.06	10714.42	8019.58	10007.35	12511.50	27531.12	32701.45	35250.86	34202.15	21347.19	28401.61	30930.74	31621.56	64080.36	60231.61	28615.99	64016.69
新西兰	58.44	72.19	82.03	165.50	187.33	238.99	235.92	320.28	497.09	477.58	520.19	425.69	475.64	637.58	683.08	857.04	800.60	926.70	833.80	1160.29
巴基斯坦	21.89	29.50	67.47	122.60	99.32	84.85	199.03	743.39	882.32	1144.93	891.79	1398.76	1820.80	2407.57	3301.48	3607.15	3479.21	3645.26	2981.02	3001.57
秘鲁	6.43	2.84	15.07	13.72	10.40	13.07	17.56	29.72	61.24	126.35	54.59	74.25	117.62	109.48	155.67	92.06	122.06	155.55	246.62	176.01
菲律宾	991.80	1353.55	2083.64	1375.69	1662.84	6302.41	9045.54	3665.69	4734.71	5620.38	6087.84	14382.17	18492.76	12590.61	9546.79	11985.37	22672.78	21740.04	13540.45	13808.03
新加坡	6070.54	6366.59	8334.25	8248.68	10355.75	14948.58	19975.98	25384.20	30410.68	33723.27	34691.60	39035.23	37845.91	40108.69	41564.50	46293.63	45815.53	43508.07	41625.27	46238.93
越南	160.15	194.36	302.46	366.93	583.49	913.64	956.21	1211.78	1893.64	2747.52	4825.25	6196.94	10820.72	14557.06	21730.14	27879.20	31711.08	41026.56	56970.96	72264.79
瑞典	495.23	561.36	638.14	703.55	829.84	1028.12	1085.30	2542.43	2519.26	3103.14	3962.95	3094.01	4212.04	5397.95	5104.63	5588.04	6069.91	5946.66	7594.85	5749.30
泰国	2184.57	2507.42	4066.61	4471.20	5392.53	8854.05	11131.52	14824.21	19316.00	20953.24	25326.99	24477.62	33071.60	44031.42	46146.07	44981.22	48950.22	50755.12	52449.26	56582.95

附表 5　1998—2017 年中国对 FTA 贸易伙伴的 GLI 指数

贸易伙伴	1998	1999	2000	2001	2002	2003	2004	2005	2006	2007	2008	2009	2010	2011	2012	2013	2014	2015	2016	2017
澳大利亚	0.123	0.113	0.112	0.122	0.129	0.118	0.114	0.090	0.087	0.071	0.056	0.057	0.043	0.044	0.043	0.032	0.032	0.039	0.041	0.039
文莱	0.003	0.000	0.000	0.004	0.001	0.000	0.000	0.000	0.000	0.002	0.001	0.000	0.001	0.001	0.000	0.000	0.002	0.002	0.002	0.002
缅甸	0.009	0.030	0.039	0.043	0.031	0.021	0.018	0.013	0.020	0.023	0.019	0.020	0.013	0.010	0.013	0.116	0.100	0.092	0.085	0.073
柬埔寨	0.019	0.008	0.001	0.006	0.003	0.023	0.043	0.036	0.025	0.023	0.019	0.024	0.037	0.048	0.068	0.071	0.075	0.095	0.085	0.093
智利	0.010	0.010	0.007	0.009	0.009	0.007	0.008	0.008	0.012	0.012	0.022	0.016	0.014	0.014	0.013	0.015	0.014	0.015	0.015	0.015
哥斯达黎加	0.046	0.009	0.017	0.069	0.024	0.023	0.044	0.064	0.074	0.086	0.019	0.016	0.016	0.018	0.026	0.035	0.046	0.097	0.095	0.077
冰岛	0.000	0.007	0.050	0.005	0.006	0.006	0.005	0.012	0.012	0.014	0.014	0.022	0.040	0.030	0.067	0.041	0.034	0.029	0.073	0.047
印度尼西亚	0.160	0.175	0.206	0.264	0.248	0.298	0.291	0.290	0.296	0.246	0.205	0.207	0.183	0.145	0.165	0.168	0.168	0.183	0.174	0.202
韩国	0.282	0.325	0.326	0.351	0.346	0.310	0.356	0.329	0.350	0.375	0.391	0.379	0.365	0.376	0.389	0.402	0.392	0.422	0.429	0.397
老挝	0.017	0.025	0.018	0.006	0.003	0.003	0.004	0.010	0.011	0.009	0.015	0.011	0.011	0.010	0.008	0.007	0.021	0.075	0.070	0.092
马来西亚	0.289	0.285	0.293	0.350	0.384	0.309	0.324	0.328	0.346	0.327	0.336	0.314	0.282	0.248	0.244	0.245	0.264	0.264	0.276	0.314
新西兰	0.058	0.060	0.060	0.077	0.072	0.067	0.081	0.086	0.095	0.080	0.080	0.067	0.061	0.057	0.056	0.049	0.045	0.066	0.063	0.057
巴基斯坦	0.015	0.036	0.042	0.048	0.051	0.046	0.056	0.055	0.067	0.074	0.072	0.096	0.121	0.145	0.129	0.116	0.126	0.114	0.108	0.115
秘鲁	0.006	0.004	0.010	0.012	0.010	0.010	0.006	0.008	0.008	0.008	0.008	0.010	0.009	0.009	0.008	0.008	0.010	0.009	0.011	0.008
菲律宾	0.277	0.494	0.334	0.255	0.219	0.223	0.264	0.228	0.207	0.190	0.236	0.302	0.260	0.217	0.215	0.218	0.221	0.233	0.205	0.194
新加坡	0.449	0.538	0.528	0.512	0.493	0.492	0.518	0.478	0.478	0.470	0.456	0.509	0.489	0.415	0.384	0.419	0.431	0.400	0.370	0.392
越南	0.085	0.080	0.068	0.076	0.107	0.133	0.108	0.113	0.129	0.129	0.150	0.184	0.217	0.217	0.247	0.271	0.263	0.275	0.348	0.434
瑞典	0.268	0.226	0.207	0.187	0.184	0.177	0.221	0.229	0.220	0.214	0.260	0.183	0.125	0.105	0.121	0.057	0.077	0.078	0.088	0.095
泰国	0.295	0.344	0.345	0.348	0.359	0.358	0.364	0.360	0.337	0.334	0.327	0.340	0.343	0.327	0.321	0.325	0.335	0.370	0.364	0.387

附表 6 1998—2017 年中国对 FTA 伙伴修正后的 CGLI 指数

贸易伙伴	1998	1999	2000	2001	2002	2003	2004	2005	2006	2007	2008	2009	2010	2011	2012	2013	2014	2015	2016	2017
澳大利亚	0.131	0.131	0.138	0.154	0.147	0.128	0.171	0.111	0.105	0.087	0.078	0.083	0.070	0.075	0.070	0.059	0.056	0.055	0.059	0.064
文莱	0.000	0.000	0.001	0.017	0.003	0.000	0.001	0.000	0.001	0.003	0.001	0.001	0.001	0.001	0.001	0.003	0.012	0.018	0.004	0.003
缅甸	0.043	0.075	0.097	0.100	0.097	0.066	0.043	0.029	0.056	0.063	0.039	0.044	0.030	0.018	0.035	0.207	0.134	0.128	0.127	0.108
柬埔寨	0.033	0.011	0.001	0.021	0.014	0.141	0.326	0.376	0.265	0.212	0.272	0.309	0.281	0.323	0.461	0.370	0.293	0.316	0.243	0.267
智利	0.013	0.010	0.009	0.012	0.011	0.010	0.023	0.014	0.017	0.020	0.033	0.029	0.023	0.021	0.018	0.019	0.018	0.018	0.019	0.018
哥斯达黎加	0.086	0.046	0.063	0.117	0.040	0.077	0.152	0.161	0.196	0.217	0.046	0.046	0.043	0.049	0.089	0.107	0.110	0.126	0.149	0.111
冰岛	0.000	0.008	0.056	0.007	0.007	0.008	0.008	0.015	0.017	0.026	0.026	0.030	0.054	0.031	0.069	0.060	0.057	0.041	0.088	0.047
印度尼西亚	0.248	0.238	0.251	0.313	0.288	0.340	0.337	0.292	0.300	0.248	0.223	0.215	0.188	0.150	0.171	0.182	0.218	0.250	0.217	0.224
韩国	0.479	0.520	0.498	0.503	0.491	0.488	0.579	0.525	0.529	0.532	0.493	0.551	0.549	0.557	0.569	0.605	0.567	0.575	0.578	0.542
老挝	0.028	0.041	0.056	0.024	0.011	0.014	0.014	0.026	0.024	0.014	0.023	0.011	0.012	0.013	0.009	0.010	0.021	0.085	0.083	0.097
马来西亚	0.386	0.449	0.459	0.512	0.550	0.506	0.582	0.475	0.474	0.428	0.429	0.416	0.440	0.400	0.317	0.283	0.291	0.292	0.319	0.361
新西兰	0.072	0.072	0.076	0.103	0.085	0.076	0.129	0.087	0.106	0.096	0.090	0.073	0.072	0.067	0.071	0.074	0.067	0.077	0.078	0.081
巴基斯坦	0.018	0.045	0.050	0.057	0.082	0.097	0.114	0.140	0.166	0.231	0.246	0.259	0.303	0.361	0.255	0.257	0.365	0.436	0.541	0.628
秘鲁	0.012	0.007	0.026	0.022	0.020	0.016	0.018	0.019	0.016	0.015	0.010	0.015	0.013	0.012	0.011	0.010	0.012	0.010	0.015	0.012
菲律宾	0.546	0.622	0.358	0.281	0.282	0.339	0.453	0.427	0.426	0.387	0.382	0.361	0.312	0.245	0.233	0.229	0.235	0.280	0.279	0.259
新加坡	0.465	0.567	0.565	0.545	0.495	0.537	0.578	0.480	0.569	0.636	0.611	0.684	0.565	0.469	0.466	0.529	0.558	0.576	0.502	0.453
越南	0.243	0.148	0.090	0.105	0.156	0.212	0.139	0.181	0.258	0.303	0.336	0.407	0.467	0.393	0.384	0.525	0.553	0.442	0.460	0.526
瑞典	0.302	0.282	0.307	0.340	0.387	0.372	0.656	0.342	0.277	0.281	0.311	0.330	0.416	0.439	0.457	0.479	0.542	0.540	0.591	0.537
泰国	0.431	0.506	0.509	0.526	0.520	0.592	0.564	0.502	0.486	0.481	0.440	0.487	0.460	0.412	0.359	0.354	0.354	0.376	0.370	0.402

附表 7 1998—2017 年中国对 FTA 伙伴产业内贸易结构

垂直型产业内贸易占比/%

贸易伙伴	1998	1999	2000	2001	2002	2003	2004	2005	2006	2007	2008	2009	2010	2011	2012	2013	2014	2015	2016	2017
澳大利亚	64.19	95.76	48.46	83.83	73.19	76.87	71.54	79.84	62.81	82.23	81.14	75.24	88.41	89.41	90.20	92.70	93.09	94.99	95.96	94.35
文莱	100.00	—	—	100.00	100.00	100.00	80.72	—	100.00	100.00	100.00	100.00	100.00	100.00	100.00	100.00	100.00	100.00	100.00	100.00
缅甸	39.42	95.21	90.25	90.83	98.65	99.98	100.00	60.34	93.07	100.00	83.61	94.58	86.88	70.27	86.81	97.89	100.00	62.76	99.76	93.57
柬埔寨	7.25	0.42	100.00	100.00	100.00	3.52	100.00	13.27	12.28	98.79	89.77	86.63	84.29	88.55	88.73	100.00	76.54	88.04	71.28	99.52
智利	100.00	100.00	98.44	100.00	98.93	99.98	99.55	95.89	95.82	96.98	96.86	97.56	80.68	76.35	75.96	79.98	76.55	50.89	94.00	88.29
哥斯达黎加	94.22	79.39	100.00	100.00	100.00	98.24	100.00	100.00	99.17	95.75	92.76	88.66	93.84	95.18	99.79	99.96	98.95	99.72	99.98	95.42
冰岛	—	100.00	100.00	100.00	100.00	100.00	100.00	100.00	60.59	100.00	100.00	100.00	100.00	100.00	100.00	99.35	100.00	85.47	99.41	70.81
印度尼西亚	44.87	76.13	53.75	60.81	56.94	62.85	64.78	56.29	60.79	71.94	87.93	83.90	86.13	66.10	86.14	80.24	69.28	84.80	82.78	84.09
韩国	86.45	91.43	92.25	90.41	81.13	92.40	87.49	60.11	66.19	79.86	74.48	81.85	91.83	86.05	87.14	85.94	88.30	91.84	90.06	90.95
老挝	76.52	100.00	96.88	81.66	53.65	99.61	95.20	42.05	59.05	98.27	93.90	79.28	85.64	97.28	100.00	99.47	99.33	99.97	97.04	97.04
马来西亚	84.75	89.05	91.95	93.49	86.85	73.94	49.73	54.04	92.03	92.55	92.71	97.30	93.25	90.49	76.23	65.51	88.64	94.53	83.80	83.59
新西兰	93.62	93.11	87.21	91.90	86.00	86.08	85.70	91.62	94.07	93.53	91.97	92.21	90.41	88.56	94.02	93.97	70.38	92.15	95.28	87.70
巴基斯坦	24.26	72.91	84.57	69.82	95.54	100.00	77.50	100.00	99.70	85.24	96.09	28.42	30.73	33.61	35.76	31.02	38.79	45.05	46.98	39.67
秘鲁	43.65	94.55	58.64	50.99	98.01	66.86	75.48	87.68	89.18	72.71	98.24	78.17	100.00	99.82	89.10	41.26	52.05	83.44	71.75	78.84
菲律宾	90.31	83.64	81.25	76.36	92.17	95.05	96.05	86.15	85.16	96.41	95.25	79.28	99.35	97.96	96.77	98.28	95.28	97.51	77.09	95.44
新加坡	94.02	75.20	68.55	73.54	69.86	89.75	95.73	91.41	78.42	87.06	82.46	85.55	79.81	81.28	83.19	80.79	96.35	97.92	81.59	95.72
越南	72.41	88.43	94.91	76.02	74.49	81.71	92.13	93.23	80.70	84.21	82.90	91.16	74.68	77.82	83.56	86.44	86.90	88.16	92.22	86.66
瑞士	86.76	99.23	94.45	93.08	98.35	90.64	94.89	81.79	83.65	96.89	99.05	95.70	96.48	97.80	97.41	96.76	91.45	97.38	98.02	93.98
泰国	91.82	74.99	57.74	89.22	88.75	72.66	78.13	79.05	59.92	90.04	90.63	87.38	85.68	86.38	87.92	82.54	74.29	80.12	78.67	80.92

续表

上垂直型产业内贸易占垂直型比重/%

贸易伙伴	1998	1999	2000	2001	2002	2003	2004	2005	2006	2007	2008	2009	2010	2011	2012	2013	2014	2015	2016	2017
澳大利亚	29.89	31.74	61.22	53.61	58.62	65.45	61.15	34.71	26.60	54.88	57.78	56.82	51.52	32.81	61.73	54.97	53.51	48.47	45.50	25.24
文莱	0.00	16.05	—	0.00	5.09	0.00	3.07	—	0.00	86.58	0.00	44.19	100.00	82.08	100.00	100.00	12.66	83.70	6.42	0.00
缅甸	96.64	100.00	32.47	62.06	44.83	20.06	41.00	28.46	43.44	88.26	78.32	90.08	81.18	49.76	41.46	95.30	21.80	93.64	86.79	88.58
柬埔寨	2.08	100.00	100.00	95.07	0.00	100.00	99.36	58.94	43.06	93.44	99.06	84.84	10.57	30.09	23.24	45.76	61.56	78.52	66.40	20.95
智利	18.98	12.87	4.73	25.87	32.00	8.86	22.31	13.82	14.63	24.00	16.06	9.48	33.93	37.66	54.72	43.41	41.06	30.77	30.70	25.00
哥斯达黎加	94.73	27.97	0.00	32.90	68.77	53.47	35.48	6.26	2.79	74.89	82.41	69.55	51.54	51.91	38.95	37.08	67.16	79.35	73.90	4.40
冰岛	—	0.00	51.41	4.02	59.60	0.00	48.04	4.90	0.00	83.62	74.06	6.39	77.17	60.44	96.00	14.76	69.51	47.99	95.95	14.21
印度尼西亚	48.41	38.25	55.60	68.30	61.83	72.64	78.21	47.36	36.71	68.91	74.32	74.53	73.38	54.59	70.34	71.33	74.26	68.10	62.06	46.45
韩国	29.82	21.95	74.38	67.84	69.68	67.91	62.11	26.75	12.45	69.89	73.71	70.47	67.06	67.97	62.93	72.41	75.12	78.24	75.05	13.83
老挝	7.26	0.00	7.88	18.99	0.00	7.77	7.02	79.29	59.89	77.48	98.45	58.74	86.78	83.29	64.87	85.68	92.25	99.58	96.27	97.03
马来西亚	47.91	17.59	67.50	68.97	71.64	47.55	67.52	12.18	2.57	82.62	80.81	82.11	61.87	63.42	61.49	50.96	82.39	83.70	67.14	17.77
新西兰	31.08	19.94	57.20	73.54	60.02	50.00	53.52	52.22	33.55	56.28	70.98	63.87	61.63	61.17	61.53	64.39	30.67	58.67	72.17	26.45
巴基斯坦	9.19	87.48	56.67	94.02	67.86	73.03	87.32	96.84	99.10	99.09	98.99	79.07	49.11	57.78	57.69	75.34	83.89	89.86	75.34	46.04
秘鲁	30.28	0.89	2.93	4.57	6.80	9.50	23.50	23.34	11.72	14.15	2.18	37.69	24.89	33.76	33.60	0.90	0.18	37.09	60.52	66.19
菲律宾	20.20	9.57	75.47	61.08	46.84	90.44	90.80	12.95	11.99	68.08	68.61	82.54	81.29	62.94	53.90	68.51	67.59	77.87	68.33	52.58
新加坡	21.54	7.57	61.01	61.12	60.17	66.62	69.29	16.09	18.73	60.54	55.52	39.82	56.77	52.15	59.83	63.37	62.13	66.43	67.35	39.50
越南	61.72	78.72	81.77	83.63	80.09	80.29	74.73	50.53	52.65	67.73	76.31	65.31	66.71	71.93	71.47	70.18	79.19	83.33	87.79	20.77
瑞士	57.91	40.57	36.32	32.21	34.68	26.18	31.37	24.59	23.15	64.78	72.83	57.77	49.01	47.54	52.31	50.28	56.04	64.08	49.46	26.67
泰国	29.57	24.63	63.43	52.38	51.57	58.32	57.08	11.64	19.81	69.00	72.49	69.66	64.97	67.72	69.70	65.77	51.52	72.24	67.31	20.91

附表 8 1998—2017 年中国对主要 FTA 伙伴制造品产业内贸易 GLI 指数

类型	年份	澳大利亚	文莱	缅甸	柬埔寨	智利	哥斯达黎加	冰岛	印度尼西亚	韩国	老挝	马来西亚	新西兰	巴基斯坦	秘鲁	菲律宾	新加坡	越南	瑞士	泰国
资源型	1998	0.0476	0.0000	0.0086	0.0000	0.0187	0.0687	0.0000	0.0506	0.2092	0.0012	0.0781	0.0204	0.0078	0.0006	0.3179	0.2910	0.1576	0.3099	0.2672
	1999	0.0448	0.0000	0.0056	0.0004	0.0258	0.0029	0.1069	0.0711	0.2488	0.0000	0.0785	0.0198	0.0051	0.0041	0.2269	0.5722	0.1166	0.3510	0.2089
	2000	0.0547	0.0000	0.0026	0.0007	0.0169	0.0000	0.0000	0.0646	0.2698	0.0163	0.1179	0.0305	0.0164	0.0087	0.2681	0.6895	0.0931	0.4808	0.1965
	2001	0.0709	0.1742	0.0042	0.0014	0.0196	0.0337	0.0104	0.1122	0.3010	0.0016	0.1214	0.0604	0.0067	0.0067	0.3858	0.7070	0.1288	0.4682	0.1902
	2002	0.0808	0.0318	0.0065	0.0015	0.0274	0.0144	0.0000	0.1420	0.3591	0.0005	0.1486	0.0544	0.0065	0.0067	0.4568	0.6347	0.1115	0.4930	0.2373
	2003	0.0561	0.0000	0.0059	0.0073	0.0208	0.0083	0.0009	0.2682	0.2881	0.0006	0.1319	0.0628	0.0056	0.0043	0.2205	0.5582	0.0907	0.4491	0.2739
	2004	0.0414	0.0002	0.0109	0.0075	0.0162	0.0028	0.0039	0.2145	0.2399	0.0109	0.1315	0.0581	0.0082	0.0037	0.1890	0.4181	0.0960	0.4883	0.2699
	2005	0.0358	0.0000	0.0081	0.0216	0.0163	0.0156	0.0109	0.1993	0.2835	0.0069	0.1892	0.1084	0.0105	0.0078	0.1787	0.5405	0.0725	0.6100	0.2944
	2006	0.0349	0.0002	0.0110	0.0243	0.0194	0.0380	0.0063	0.2323	0.2839	0.0041	0.1883	0.1037	0.0089	0.0062	0.1083	0.5575	0.0878	0.5592	0.2853
	2007	0.0344	0.0016	0.0135	0.0263	0.0187	0.0247	0.0083	0.1777	0.2822	0.0025	0.1233	0.1196	0.0075	0.0059	0.1078	0.7680	0.1242	0.6437	0.2836
	2008	0.0202	0.0011	0.0135	0.0070	0.0446	0.0280	0.0014	0.1157	0.3021	0.0055	0.1283	0.0999	0.0036	0.0056	0.1896	0.4504	0.1081	0.7236	0.2673
	2009	0.0203	0.0055	0.0117	0.0266	0.0221	0.0340	0.0277	0.1577	0.2894	0.0037	0.1024	0.0723	0.0132	0.0082	0.0848	0.6788	0.0863	0.4102	0.2474
	2010	0.0164	0.0077	0.0085	0.0501	0.0200	0.0256	0.0193	0.1685	0.2873	0.0063	0.1033	0.0789	0.0096	0.0059	0.0755	0.6530	0.1235	0.5369	0.2124
	2011	0.0152	0.0037	0.0099	0.0479	0.0283	0.0158	0.0886	0.0890	0.2887	0.0046	0.0992	0.0820	0.0266	0.0057	0.0653	0.3925	0.1212	0.5949	0.2320
	2012	0.0177	0.0007	0.0127	0.0973	0.0238	0.0252	0.0775	0.1462	0.2752	0.0062	0.1186	0.0769	0.0034	0.0042	0.0712	0.4212	0.1000	0.5204	0.2085
	2013	0.0117	0.0008	0.3127	0.0597	0.0224	0.0216	0.0857	0.1668	0.2684	0.0049	0.1540	0.0571	0.0051	0.0068	0.0510	0.5855	0.1072	0.5148	0.2034
	2014	0.0115	0.0394	0.0958	0.0546	0.0217	0.0426	0.0807	0.1271	0.2435	0.0041	0.1615	0.0609	0.0310	0.0102	0.0436	0.5987	0.1048	0.4652	0.2111
	2015	0.0208	0.0071	0.0105	0.0951	0.0202	0.0380	0.0562	0.1290	0.3362	0.0077	0.1718	0.0704	0.0145	0.0064	0.0579	0.4441	0.1122	0.4583	0.2366
	2016	0.0192	0.0001	0.0052	0.0786	0.0211	0.0246	0.0203	0.1703	0.3168	0.0151	0.2339	0.0691	0.0338	0.0102	0.0442	0.4144	0.1505	0.5399	0.2489
	2017	0.0179	0.0019	0.0107	0.1180	0.0167	0.0436	0.0801	0.1703	0.3530	0.0302	0.2302	0.0620	0.0328	0.0044	0.0563	0.5119	0.1923	0.5436	0.2430

续表

类型	年份	澳大利亚	文莱	缅甸	柬埔寨	智利	哥斯达黎加	冰岛	印度尼西亚	韩国	老挝	马来西亚	新西兰	巴基斯坦	秘鲁	菲律宾	新加坡	越南	瑞士	泰国
低技术型	1998	0.0752	0.0060	0.0024	0.0447	0.0055	0.0000	0.0013	0.3039	0.3183	0.0000	0.3643	0.0193	0.0210	0.0837	0.0779	0.2362	0.0574	0.1191	0.4168
	1999	0.0796	0.0000	0.0036	0.0075	0.0087	0.0008	0.0086	0.3291	0.3390	0.0052	0.3654	0.0260	0.0363	0.0545	0.0789	0.2422	0.0982	0.1128	0.4294
	2000	0.0732	0.0055	0.0037	0.0013	0.0014	0.0048	0.0067	0.2894	0.3269	0.0000	0.3812	0.0335	0.0527	0.0653	0.0622	0.2883	0.2002	0.1546	0.4258
	2001	0.0793	0.0037	0.0054	0.0097	0.0055	0.0013	0.0082	0.3101	0.3397	0.0062	0.3808	0.0408	0.0647	0.1286	0.0758	0.2765	0.1715	0.1646	0.4385
	2002	0.0768	0.0012	0.0051	0.0035	0.0019	0.0006	0.0051	0.3410	0.3532	0.0240	0.3326	0.0540	0.0961	0.0516	0.0705	0.2474	0.1191	0.1747	0.4438
	2003	0.0813	0.0007	0.0036	0.0328	0.0025	0.0021	0.0027	0.3025	0.3300	0.0463	0.2969	0.0312	0.0931	0.0458	0.0776	0.2003	0.1366	0.1646	0.4645
	2004	0.0715	0.0013	0.0050	0.0609	0.0021	0.0044	0.0024	0.2474	0.3725	0.0159	0.3014	0.0342	0.1099	0.0364	0.0849	0.2183	0.1199	0.1580	0.5532
	2005	0.0721	0.0005	0.0059	0.0474	0.0023	0.0508	0.0072	0.2700	0.4272	0.0406	0.2974	0.0406	0.1248	0.0351	0.1682	0.1878	0.1000	0.1856	0.5227
	2006	0.0630	0.0013	0.0066	0.0381	0.0030	0.0403	0.0087	0.2082	0.4453	0.0592	0.2333	0.0438	0.1463	0.0382	0.1330	0.1934	0.1030	0.1492	0.4013
	2007	0.0459	0.0003	0.0043	0.0324	0.0021	0.0098	0.0025	0.1914	0.5092	0.0507	0.2045	0.0360	0.1818	0.0346	0.1301	0.1443	0.1156	0.1338	0.3491
	2008	0.0365	0.0001	0.0057	0.0314	0.0012	0.0049	0.0036	0.1631	0.4687	0.0314	0.1489	0.0348	0.1844	0.0180	0.1100	0.1483	0.1301	0.1952	0.2767
	2009	0.0322	0.0008	0.0064	0.0258	0.0114	0.0064	0.0067	0.1926	0.5278	0.0195	0.1453	0.0289	0.2075	0.0318	0.1924	0.1531	0.1573	0.2351	0.3186
	2010	0.0274	0.0002	0.0081	0.0289	0.0054	0.0166	0.0140	0.1696	0.5126	0.0099	0.1775	0.0291	0.2813	0.0188	0.1008	0.1488	0.1790	0.2819	0.2500
	2011	0.0263	0.0001	0.0126	0.0501	0.0048	0.0179	0.0248	0.1789	0.5254	0.0347	0.1621	0.0175	0.3158	0.0171	0.0872	0.1090	0.1734	0.2856	0.2287
	2012	0.0309	0.0001	0.0093	0.0699	0.0019	0.0162	0.0105	0.1686	0.5178	0.0247	0.1029	0.0193	0.2663	0.0150	0.0584	0.0904	0.1660	0.3122	0.1867
	2013	0.0235	0.0000	0.0108	0.0807	0.0015	0.0843	0.0711	0.1756	0.5185	0.0426	0.0946	0.0192	0.2471	0.0143	0.0399	0.0893	0.1888	0.3463	0.2064
	2014	0.0210	0.0000	0.2758	0.0914	0.0016	0.0975	0.0095	0.1837	0.4772	0.0514	0.0998	0.0194	0.2782	0.0121	0.0441	0.1347	0.2056	0.3713	0.1996
	2015	0.0224	0.0001	0.2043	0.1130	0.0009	0.0915	0.0188	0.2222	0.4630	0.0408	0.1052	0.0210	0.2461	0.0106	0.0400	0.1211	0.2260	0.4395	0.1877
	2016	0.0229	0.0015	0.0848	0.1009	0.0014	0.0881	0.0405	0.2267	0.4746	0.0398	0.1270	0.0197	0.2557	0.0110	0.0369	0.0783	0.2445	0.4451	0.2015
	2017	0.0252	0.0001	0.0308	0.0978	0.0004	0.0699	0.0225	0.2362	0.5026	0.0318	0.1241	0.0218	0.2911	0.0140	0.0361	0.1050	0.2742	0.4087	0.2233

续表

类型	年份	澳大利亚	文莱	缅甸	柬埔寨	智利	哥斯达黎加	冰岛	印度尼西亚	韩国	老挝	马来西亚	新西兰	巴基斯坦	秘鲁	菲律宾	新加坡	越南	瑞士	泰国
中技术型	1998	0.2853	0.0067	0.0006	0.0005	0.0196	0.0016	0.0000	0.1922	0.1774	0.0019	0.3553	0.1612	0.0045	0.0124	0.1841	0.3208	0.0328	0.3599	0.2265
	1999	0.3251	0.0000	0.0023	0.0000	0.0114	0.0052	0.0017	0.2013	0.2344	0.0025	0.3690	0.1412	0.0444	0.0073	0.1973	0.3180	0.0220	0.2745	0.2319
	2000	0.3376	0.0000	0.0005	0.0008	0.0095	0.0067	0.0572	0.1748	0.2489	0.0003	0.3229	0.1249	0.0831	0.0196	0.2847	0.3798	0.0257	0.1892	0.2266
	2001	0.3978	0.0000	0.0002	0.0030	0.0185	0.1428	0.0042	0.1876	0.2133	0.0049	0.3151	0.2076	0.0833	0.0072	0.2527	0.3300	0.0258	0.1481	0.2463
	2002	0.3372	0.0001	0.0006	0.0009	0.0086	0.1202	0.0027	0.2107	0.2272	0.0001	0.3481	0.1443	0.0610	0.0306	0.2572	0.2975	0.0733	0.1486	0.2559
	2003	0.2798	0.0002	0.0002	0.0002	0.0200	0.0945	0.0003	0.2213	0.2264	0.0002	0.3803	0.1487	0.0407	0.0306	0.2469	0.3598	0.0950	0.1209	0.2986
	2004	0.2779	0.0039	0.0016	0.0036	0.0158	0.1198	0.0093	0.2124	0.2782	0.0006	0.3780	0.2001	0.0300	0.0412	0.2716	0.3769	0.0626	0.1238	0.2788
	2005	0.2357	0.0000	0.0095	0.0031	0.0102	0.0876	0.0593	0.2198	0.3330	0.0010	0.4008	0.1881	0.0359	0.0834	0.3540	0.3299	0.0519	0.1236	0.3234
	2006	0.2342	0.0001	0.0055	0.0013	0.0148	0.0714	0.0314	0.2733	0.3615	0.0007	0.4179	0.2400	0.0319	0.0540	0.4032	0.3249	0.0715	0.1437	0.3087
	2007	0.2419	0.0267	0.0089	0.0012	0.0509	0.1346	0.0504	0.2389	0.3567	0.0004	0.3776	0.1853	0.0383	0.0329	0.3494	0.2867	0.0532	0.1526	0.3244
	2008	0.1944	0.0033	0.0065	0.0002	0.0587	0.0814	0.0655	0.2222	0.3677	0.0004	0.3612	0.2072	0.0284	0.0222	0.3508	0.2750	0.0627	0.1404	0.3528
	2009	0.2062	0.0243	0.0047	0.0075	0.1112	0.0885	0.0682	0.2315	0.3697	0.0060	0.3603	0.2039	0.0464	0.0367	0.3540	0.3435	0.0944	0.1150	0.3834
	2010	0.2163	0.0187	0.0080	0.0123	0.0727	0.0833	0.3137	0.2404	0.3606	0.0037	0.4175	0.1692	0.0335	0.0361	0.3308	0.2523	0.1085	0.1199	0.4070
	2011	0.2003	0.0073	0.0088	0.0035	0.0319	0.1092	0.1269	0.2294	0.3828	0.0033	0.4428	0.1457	0.0541	0.0472	0.3400	0.2690	0.1715	0.1039	0.3766
	2012	0.1791	0.0006	0.0108	0.0113	0.0288	0.1228	0.3594	0.2138	0.3950	0.0009	0.3835	0.1542	0.0410	0.0346	0.3279	0.2567	0.2140	0.1486	0.3736
	2013	0.1353	0.0000	0.0199	0.0189	0.0385	0.1826	0.1737	0.2088	0.4309	0.0004	0.3838	0.1284	0.0298	0.0222	0.3035	0.2599	0.1931	0.1619	0.3776
	2014	0.1390	0.0001	0.0191	0.0256	0.0345	0.1305	0.0720	0.2155	0.4360	0.0495	0.4088	0.1318	0.0251	0.0094	0.3078	0.2822	0.1245	0.1765	0.4004
	2015	0.1145	0.0003	0.0133	0.0290	0.0378	0.1317	0.1752	0.1898	0.4417	0.1281	0.4176	0.1335	0.0241	0.0031	0.2531	0.2507	0.1173	0.1983	0.4194
	2016	0.1536	0.0002	0.0185	0.0347	0.0216	0.0781	0.0536	0.1843	0.4729	0.0537	0.4547	0.0925	0.0152	0.0024	0.2503	0.2593	0.1584	0.2251	0.4458
	2017	0.1402	0.0003	0.0047	0.0486	0.0140	0.0658	0.0535	0.2335	0.5031	0.0689	0.4765	0.0730	0.0138	0.0025	0.2527	0.2671	0.2075	0.1996	0.4859

续表

类型	年份	澳大利亚	文莱	缅甸	柬埔寨	智利	哥斯达黎加	冰岛	印度尼西亚	韩国	老挝	马来西亚	新西兰	巴基斯坦	秘鲁	菲律宾	新加坡	越南	瑞士	泰国
高技术型	1998	0.2927	0.0000	0.0266	0.0000	0.0229	0.3030	0.0000	0.5303	0.5715	0.0000	0.5023	0.3506	0.0072	0.0002	0.5327	0.7045	0.0784	0.4823	0.3944
	1999	0.3509	0.0000	0.1155	0.0000	0.0000	0.0539	0.1836	0.5493	0.5646	0.0000	0.4627	0.2582	0.0046	0.0000	0.8393	0.8024	0.0991	0.3828	0.5927
	2000	0.2511	0.0000	0.0906	0.0000	0.0009	0.0818	0.2114	0.4702	0.5533	0.0000	0.3983	0.3318	0.0072	0.0000	0.4656	0.6914	0.2178	0.3633	0.5723
	2001	0.2431	0.0006	0.0989	0.0001	0.0002	0.1092	0.0380	0.4972	0.6093	0.0000	0.4606	0.3339	0.0258	0.0000	0.3018	0.6779	0.2847	0.3331	0.5619
	2002	0.2152	0.0115	0.0230	0.0001	0.0005	0.0172	0.0545	0.4057	0.4640	0.0005	0.4898	0.1343	0.0090	0.0000	0.2126	0.6520	0.2279	0.2665	0.5337
	2003	0.1561	0.0010	0.0001	0.0000	0.0014	0.0196	0.0161	0.4363	0.3890	0.0000	0.3655	0.1139	0.0034	0.0017	0.2455	0.6202	0.3229	0.3511	0.4961
	2004	0.1285	0.0006	0.0001	0.0058	0.0024	0.0411	0.0424	0.4598	0.3667	0.0000	0.3692	0.1048	0.0040	0.0005	0.2932	0.6116	0.3806	0.3736	0.5053
	2005	0.0918	0.0000	0.0032	0.0059	0.0043	0.0664	0.0261	0.4597	0.3279	0.0000	0.3452	0.0970	0.0025	0.0003	0.2315	0.6038	0.3335	0.4221	0.4606
	2006	0.0958	0.0004	0.0341	0.0007	0.0022	0.0768	0.0247	0.4591	0.3469	0.0011	0.3827	0.0914	0.0025	0.0003	0.2103	0.6033	0.3285	0.3857	0.4308
	2007	0.0928	0.0010	0.1038	0.0004	0.0062	0.0890	0.0289	0.5180	0.3839	0.0004	0.3998	0.0645	0.0007	0.0006	0.1907	0.6512	0.2903	0.3715	0.4045
	2008	0.1055	0.0031	0.0865	0.0001	0.0002	0.0148	0.0202	0.5004	0.4130	0.0000	0.4409	0.0997	0.0011	0.0004	0.2490	0.6931	0.3401	0.3443	0.3869
	2009	0.0986	0.0002	0.0435	0.0001	0.0014	0.0120	0.0491	0.4903	0.3800	0.0022	0.4163	0.0697	0.0009	0.0000	0.3653	0.6841	0.3256	0.2889	0.3817
	2010	0.0873	0.0008	0.0056	0.0017	0.0223	0.0101	0.0297	0.4009	0.3463	0.0091	0.3369	0.0735	0.0209	0.0001	0.3362	0.6991	0.4009	0.3371	0.4140
	2011	0.1049	0.0010	0.0017	0.0020	0.0179	0.0122	0.0250	0.3702	0.3755	0.0034	0.2824	0.0749	0.0051	0.0005	0.2944	0.6812	0.3416	0.3169	0.4208
	2012	0.1149	0.0002	0.0092	0.0207	0.0303	0.0165	0.0108	0.3891	0.4006	0.0030	0.2910	0.0905	0.0004	0.0000	0.2883	0.6356	0.4254	0.2674	0.4399
	2013	0.1094	0.0000	0.0110	0.0790	0.0078	0.0159	0.0194	0.3312	0.4176	0.0041	0.2995	0.1552	0.0003	0.0001	0.3401	0.6485	0.4752	0.2255	0.4833
	2014	0.1203	0.0002	0.0160	0.2214	0.0061	0.0261	0.0379	0.2908	0.4127	0.0050	0.3344	0.1172	0.0002	0.0005	0.3734	0.6493	0.4898	0.2272	0.4855
	2015	0.1453	0.0459	0.0283	0.3037	0.0083	0.0814	0.0133	0.3205	0.4354	0.0008	0.3217	0.1239	0.0003	0.0005	0.4259	0.6808	0.5237	0.2640	0.5184
	2016	0.1679	0.0012	0.0374	0.2060	0.0057	0.1176	0.0498	0.3063	0.4374	0.0258	0.2998	0.1013	0.0035	0.0004	0.3732	0.6348	0.7032	0.3100	0.4635
	2017	0.1521	0.0000	0.0587	0.3102	0.0014	0.0850	0.1029	0.3040	0.3688	0.1262	0.3953	0.1011	0.0015	0.0012	0.3316	0.6007	0.7704	0.2551	0.5241

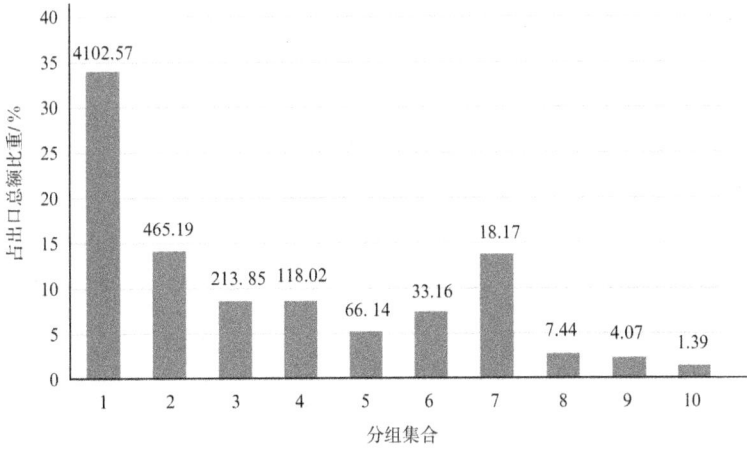

附图 1　2017 年中国出口东盟分组产品情况

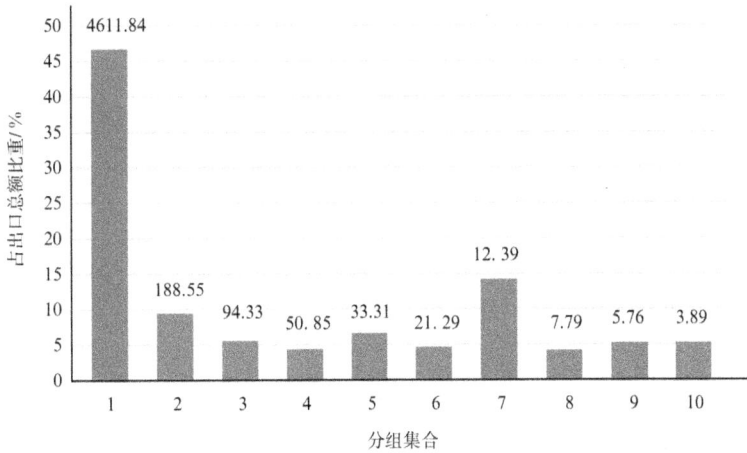

附图 2　2017 年中国出口智利分组产品情况

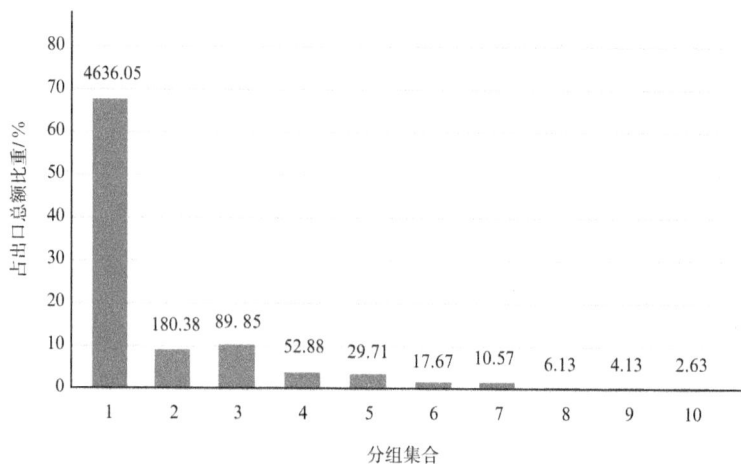

附图3 2017年中国出口巴基斯坦分组产品情况

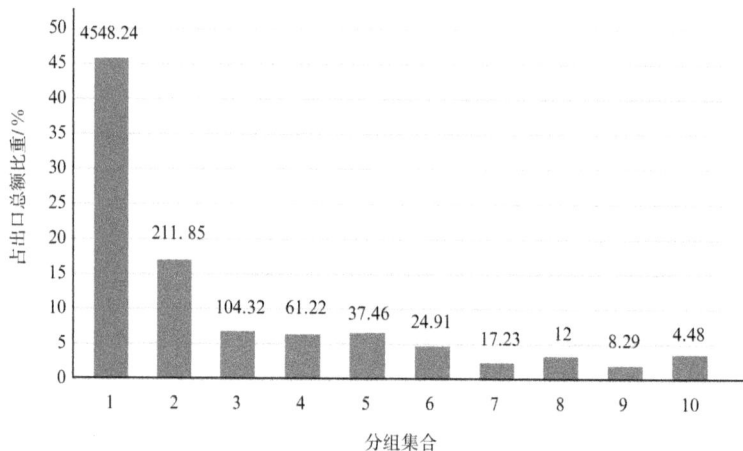

附图4 2017年中国出口新西兰分组产品情况

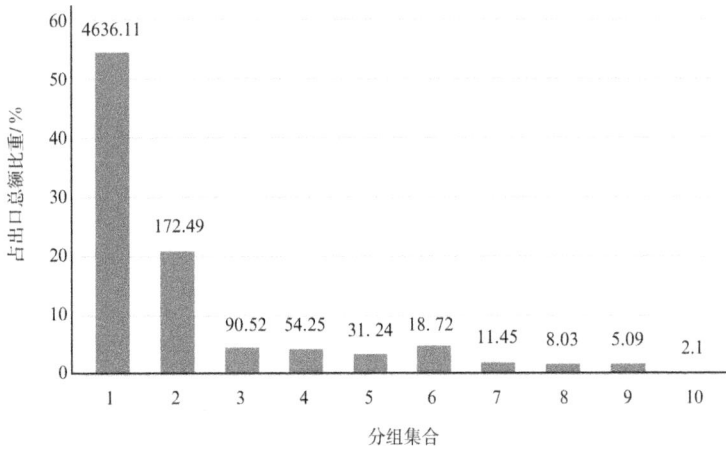

附图 5　2017 年中国出口秘鲁分组产品情况

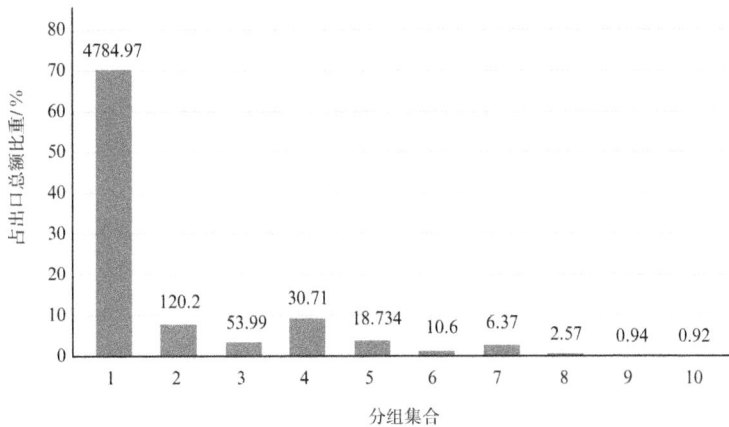

附图 6　2017 年中国出口哥斯达黎加分组产品情况

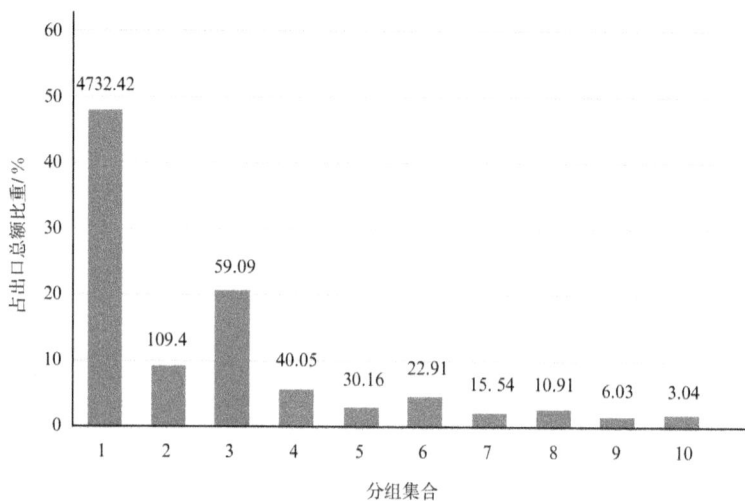

附图 7　2017 年中国出口冰岛分组产品情况

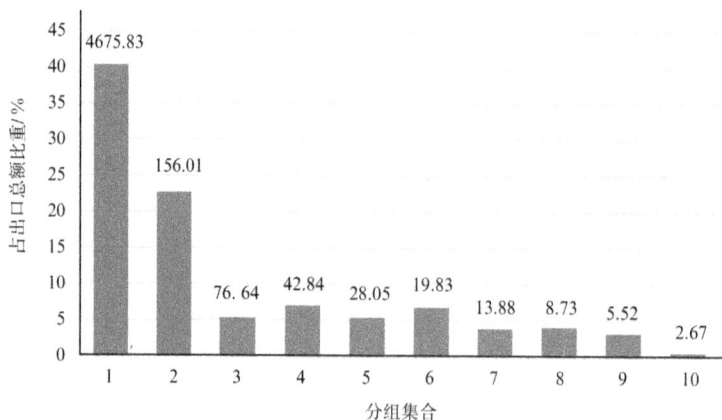

附图 8　2017 年中国出口瑞士分组产品情况

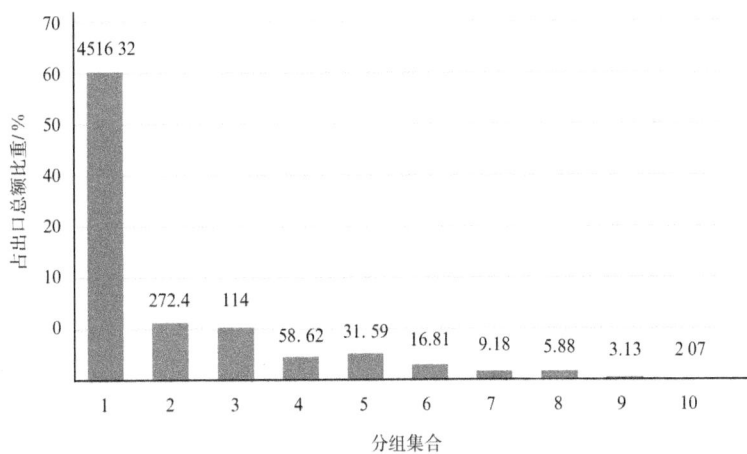

附图 9　2017 年中国出口韩国分组产品情况

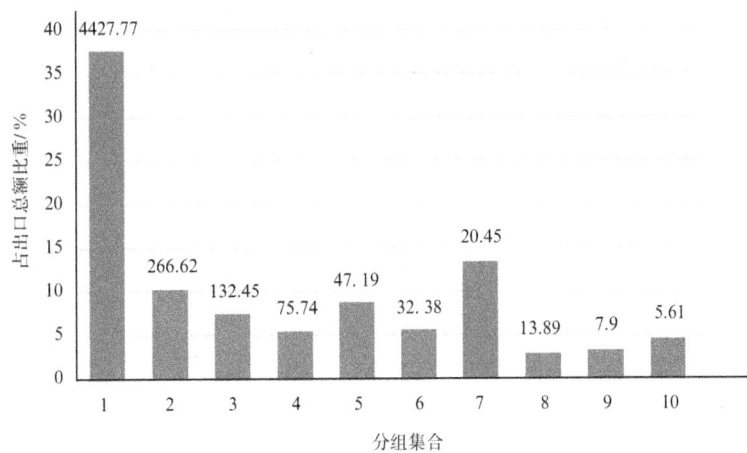

附图 10　2017 年中国出口澳大利亚分组产品情况

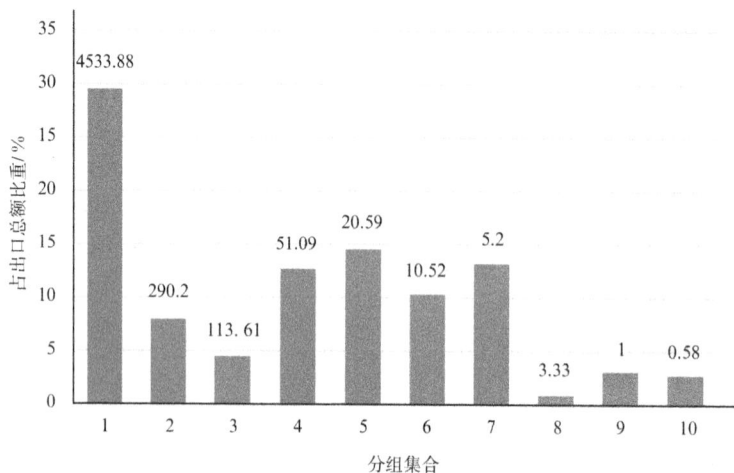

附图 11 2017 年中国出口新加坡分组产品情况

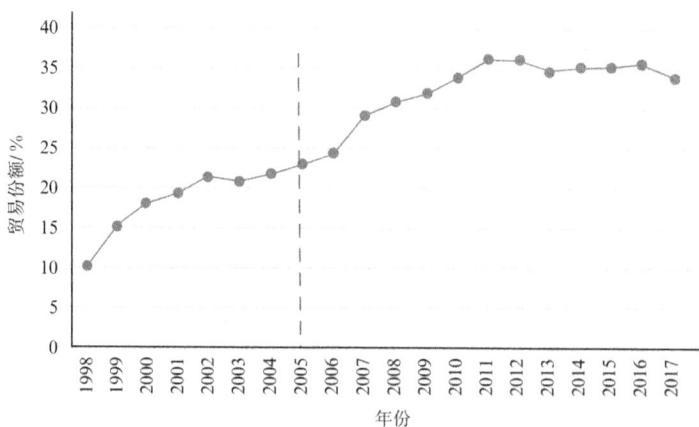

附图 12 1998—2017 年中国出口东盟最小贸易产品部门贸易份额变化

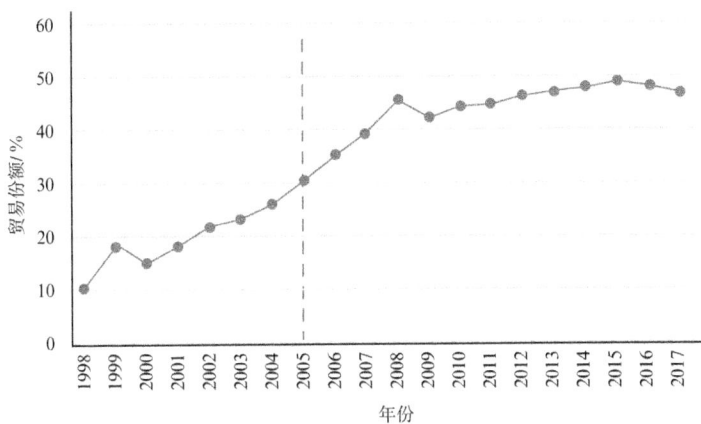

附图 13　1998—2017 年中国出口智利最小贸易产品部门贸易份额变化

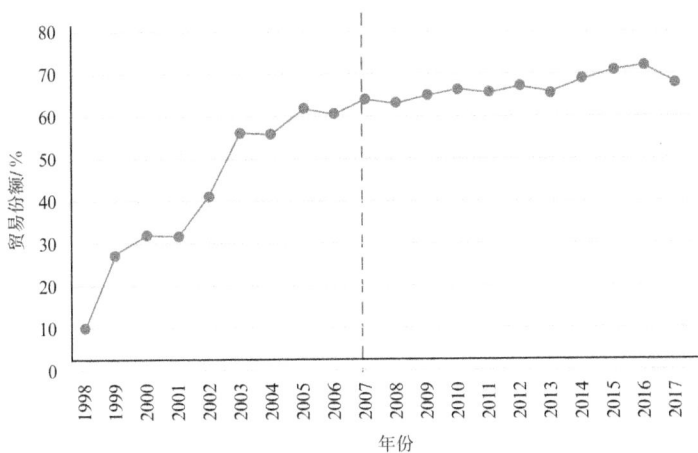

附图 14　1998—2017 年中国出口巴基斯坦最小贸易部门贸易份额变化

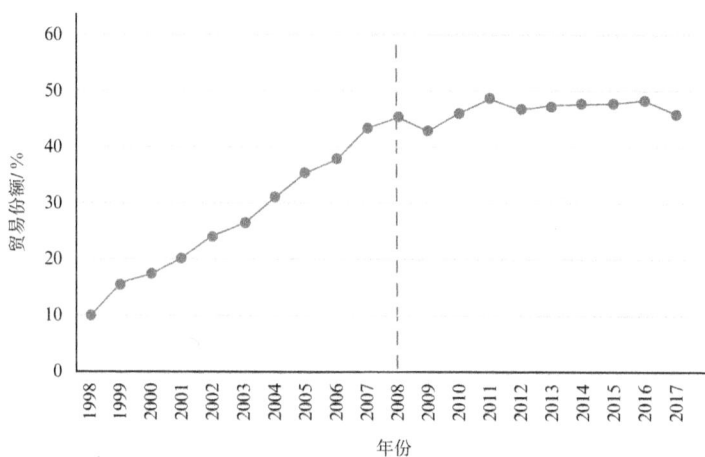

附图 15　1998—2017 年中国出口新西兰最小贸易部门贸易份额变化

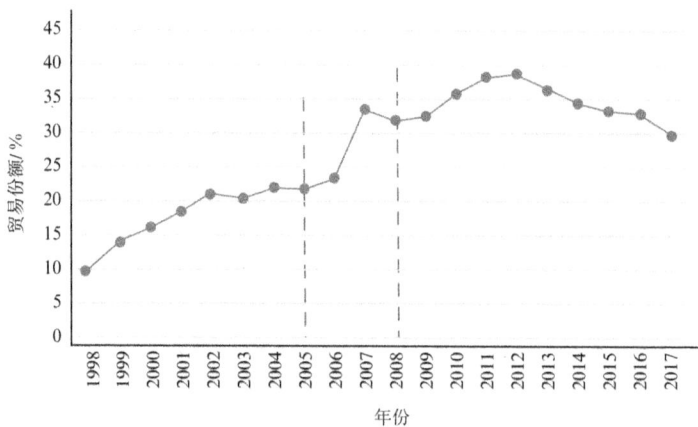

附图 16　1998—2017 年中国出口新加坡最小贸易部门贸易份额变化

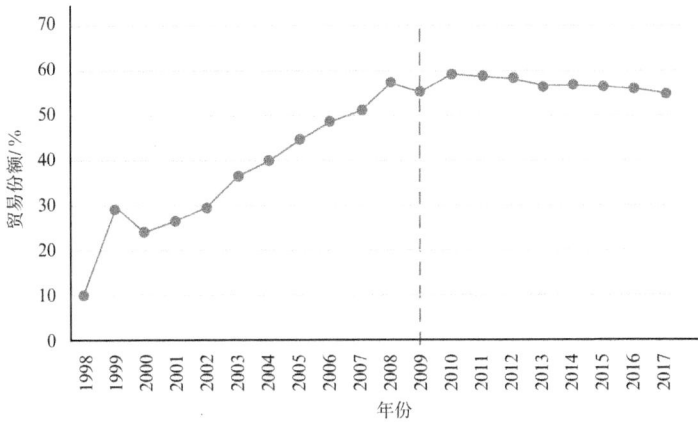

附图 17　1998—2017 年中国出口秘鲁最小贸易部门贸易份额变化

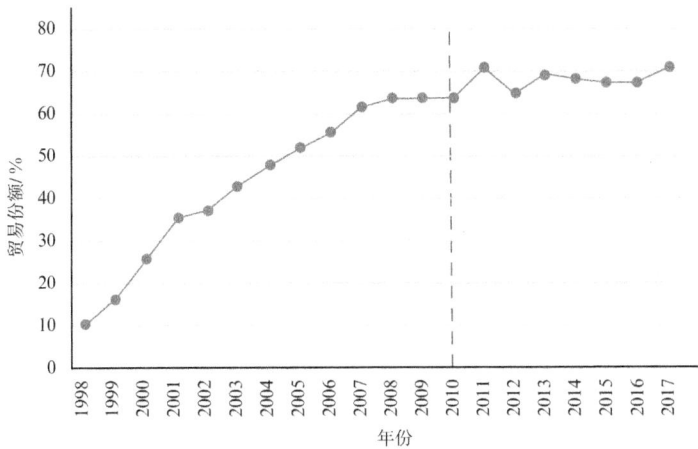

附图 18　1998—2017 年中国出口哥斯达黎加最小贸易部门贸易份额变化

附图 19 1998—2017 年中国出口冰岛最小贸易部门贸易份额变化

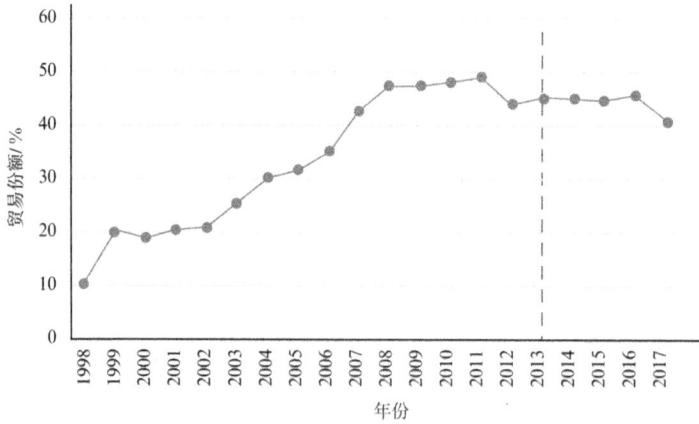

附图 20 1998—2017 年中国出口瑞士最小贸易部门贸易份额变化

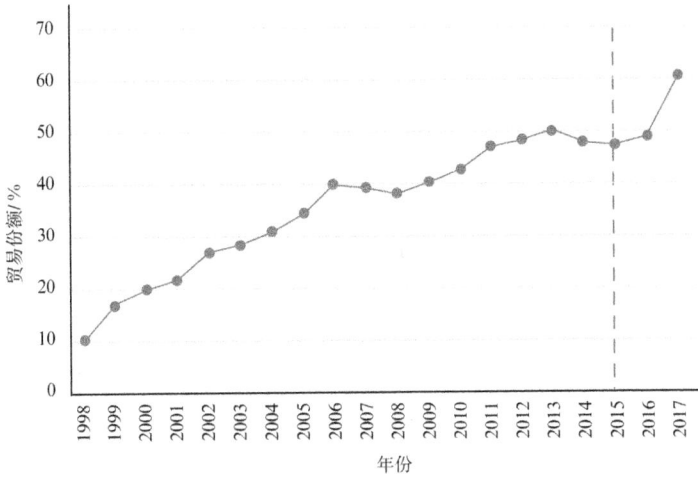

附图 21 1998—2017 年中国出口韩国最小贸易部门贸易份额变化

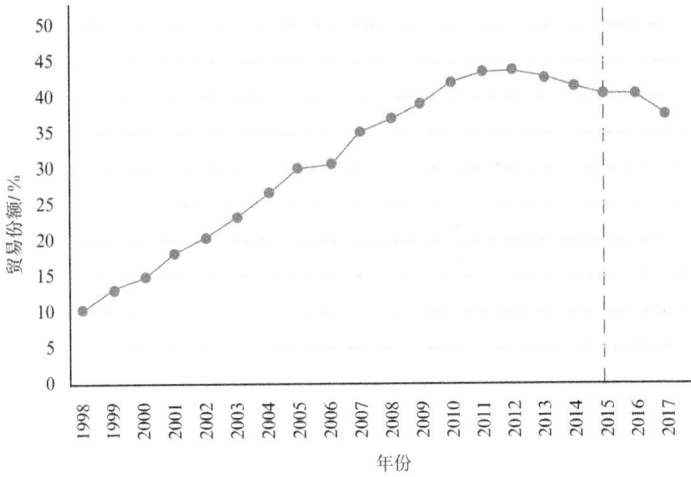

附图 22 1998—2017 年中国出口澳大利亚最小贸易部门贸易份额变化